0・1・2・3・4・5・6歳

才能を育てる

キッズ&ベビーマッサージ

渡辺佳子
銀座ナチュラルタイム総院長

親愛なるパパとママたちへ

パパとママの純粋な愛情は
子どもたちの心と体にとって大切な
太陽のようなエネルギー

パパとママのあたたかな手の中にいるのは
無限の可能性を秘めた原石

みて、触れて、感じてあげてほしいのです
「素質」と「才能」を見つけて
磨いてあげてほしいのです

愛情たっぷりのマッサージで
子どもたちの器を、強く、大きく、やさしく
育ててあげてほしいのです

そして
子どもたちの将来が
幸せに満ちた、輝く人生であることを願って……

わたなべ　けいこ

●はじめに

はじめて、自分の体に新しい命の存在を感じたとき、母としての純粋な愛情を抱いている、そんな自分に気づいたのではないでしょうか。我が子をいとおしく思う気持ちや、母としての愛情の原点が、「手当て」であり、手当てはマッサージの原点でもあります。

言葉やものを与える教育も必要ですが、子どもたちが本来持っている素質の「器」、能力のキャパシティをできるだけ小さいころから広げてあげることが大切です。「器を広げる」とは、体を元気にしたり、成長を促したり、体質を改善したり、精神力を高めたりなど、子どもの心身の能力を高めていくことです。この「器」を広げておくことで、子どもは将来、楽に能力以上に才能を発揮できる可能性があるのです。

現在活躍されている〝一流〟といわれている方々の体は、やはり〝一流〟です。さらに共通していることは、何よりも人一倍、「元気」なのです。〝元気〟とは元の気のある人のこと。しっかりとした骨格や筋肉、みなぎるパワー、持久力やスタミナの持ち主であり、さらに集中力、精神力も人並み以上に備わっている。心と体のダメージも少なく、そのタフさやバランスのよさには、本当に驚かされるものがあります。

私たちは、自分では才能に気づかないで、一生を過ごしてしまう可能性もあります。本当の才能に満ちあふれている人とは、それを意識しないで、毎日を楽しく精一杯に生き、自分の能力を知り、純粋にそれを生かしている人だと思います。また才能を生かすためには、その才能に気づき、体の内から、持っている能力を最大限に引き出せることも条件なのです。それを可能にするのが私たち親であり、さらにその素質や才能を高めていくための方法のひとつが、この経絡(けいらく)リンパマッサージなのです。

ベビーやキッズのためのマッサージでは、触れて、子どもの体を感じてあげること、つまり言葉ではない愛情を伝えることが大切です。さらに、安全に、より効果的にマッサージを行うには、最低限の基礎知識や理論を知ることも重要です。

乳幼児期の経絡リンパマッサージは、大人の何倍もの効果を生みます。「もっと元気に」、「もっとキレイに」、「もっと頭がよく」などと望むママたちの夢も実現できるかもしれません。継続は力なりといいます。毎日の積み重ねが今日であり、明日となって、私たちは生きています。

一生に一度しかない家族での貴重な時間を、マッサージで楽しんでください。きっと、家族と大切な子どもたちの未来が、輝くものになると思います。

Contents

第4章

Contents

第5章

Contents

表紙・目次・扉イラスト■法嶋かよ
基本イラスト■松本　剛
マッサージイラスト■小野正統
写真■西村千春
装丁・本文デザイン■野知喜樹（スタジオ・キキ）
協力■牧野寿枝
小池直美
編集協力■河又えり子
編集■田中　修

第 1 章

キッズ＆ベビーマッサージのすすめ

体にいい習慣を身につけた子どもに育ちます

いま、子どもたちに本当に必要なもの

ママたちに、「お子さんにマッサージをしてあげてほしい」というお話しをすると、「こっていないのに」「どこも悪いところはないのに」「病気ではないのに」……なぜマッサージをする必要があるの？　という質問をよく受けます。

ものが豊かな現代。食べ物に困るわけでもなく、欲しいおもちゃもすぐ手に入る。そうした時代に、子どもたちにあげられる本当のプレゼントは何でしょうか。私は、そのひとつに、手軽にできて親の愛情をたっぷりプレゼントしてあげることのできるマッサージがあると思うのです。

多くの患者さんの治療に携わる毎日のなかで、私はあることに気づかされました。大人になってから、また病気になってから治療のお手伝いをしても、根本的に遅いということを。そして病気になる前の予防や、症状がつらくなる前のケアが大切であることはもちろん、その前の段階である、より質の高い体や心のベースづくりを、より早い時期から始めていくことが、もっと重要だということに気づいたのです。

子どものころから、体や心のベースづくりがしっかりしているのと、いないのとでは、子どもの素質や才能の開花に、原石とダイヤモンドくらいの差が大人になってから生まれます。体質や心身の基礎づくりは、大人になってからでは遅いのです。

食生活、勉強、仕事、人間関係など、その人の過去や歴史が積み重なって、心と体はつくられていきます。健康で元気な強い体に支えられて、人生の場面場面でのダメージが少なければ少ないほど、強く、輝いた大人になれるのです。

子どもは親の体質を受け継いでいますが、幼少の早い時期から体をケアして弱点を克服してあげれば、生まれ持った弱いところも改善され、これから生きていく強靭（きょうじん）な心身の準備が整います。

健康で元気な強い体をつくることは、子どもたちの人生にとても深い意味があります。体の状態の良し悪しで、その後の人生のステージや展開が驚くほど変わってくるから面白い。いまの時代、子どもたちにあげられる本当のプレゼントは、大きく強い〝器〟ではないでしょうか。つまり、健康で元気な体と心のベースづくりだと思うのです。家庭でのマッサージは毎日の食事と一緒で、子どもの心身の栄養となって、その子の器を広げる力になります。そのために「お子さんにマッサージをしてあげてほしい」とお話しするのです。

元気は体の中から湧き出るエネルギー

日本人はふだんから、自然に「気」という言葉を使っています。たとえば、元気がいい、やる気がある、雰囲気が悪い、そんな気がする……などなど、日本語にはたくさん、「気」のつく言葉があります。

東洋医学には「気」という概念があります。体の中をめぐる、目には見えないけれど存在する大切なエネルギーが「気」。これなくして生きてはいけません。日本語の「気」も、ここから出た言葉です。東洋医学の「気」は、「先天の気」と「後天の気」に分けられます。「先天の気」というのは、生まれながらに親から受け継いでいる「気」。「後天の気」は、生まれた後、生命活動のなかから自分でつくり出していく「気」です。

妊娠する前から、パパとママの体の状態をよくしておくことが大切なのは、この「先天の気」に大きな影響を及ぼすから。妊娠したときの体の「気」が充実していれば、生まれてくる赤ちゃんも「元気」、つまり「元の気」が充実した子が生まれてきます。子育ては、生まれる前のパパとママの「元気」から始まっているのです。

経絡リンパマッサージって？

第2章で詳しく述べますが、東洋医学の観点から見ると、私たちの体にはおもに「気・血」などが流れる「経絡」という通路が張りめぐらされています。さらに西洋医学的には、「血液・リンパ液」などが全身を流れています。東西両医学に共通しているのは、この「流れ」です。そして、どちらも「流れ」がとどこおると、体に不調が起きてきます。

経絡リンパマッサージは、体にあらわれるさまざまな不調は「流れ」のとどこおりが原因と考えて、その「流れ」をスムーズにしていくためのマッサージ法です。

人間には本来、自然治癒力という、自分で病気を治す力が備わっています。病気は自然治癒力があるから治るのであって、それを無視して、体の不調を薬で押さえ込んでしまうと逆効果になるケースもあります。もちろん、場合によっては薬の力も必要ですが、薬に頼りすぎてしまうと自然治癒力が弱まり、免疫力など体の力も低下してしまいます。

元気は体の中から出てくるエネルギーです。経絡リンパマッサージを行うことで、体に流れる「気・血・津液（体液）」の循環のバランスがよくなり、汗や尿、便の出などの排泄がよくなり、その結果、肌の色、つやもよく、筋骨がしっかりした体、代謝のよい、免疫力の高い体になっていきます。当然、自然治癒力も高まり、体の内から元気で、さらにキレイになっていきます。

体が元気な子は、自然と活発で、バイタリティがあり、いろいろな物事に興味を持ち、自らチャレンジしていきます。反対に、自分ではやろうという気持ちはあるのに、体が元気ではないために、意思とは関係なく、本当に体からやる気が出ない状態になってしまう子どももいます。でも、そうした子どもでも、小さいころから経絡(けいらく)リンパマッサージを行って体の流れをよくしてあげれば、元気でバイタリティのある、エネルギーの充実した体に体質改善できるのです。

素質と可能性を伸ばすマッサージ

どんな原石も、磨かなければ輝くことはありません。パパやママから受け継いだ、いい素質を十分に発揮して将来活躍するためには、乳幼児期に、よりよい環境のなかで育てることが大切です。「三つ子の魂(たましい)、百まで」といいます。乳幼児期からの、マッサージを通したスキンシップは、身体的な効果を促すだけでなく、その子の素質や可能性を伸ばします。

乳幼児期にたっぷりとスキンシップを行ってあげると、子どもたちの体に「ぼくは（私は）大切にされている、ひとりじゃないんだ」という意識が芽生えていきます。そうした子どもたちは安心感に支えられて、元気がよく、意欲的で、何にでも興味を持ち、まるでスポンジに水がしみ込むように、いろいろなことをどんどん吸収します。大きな障害に遭遇しても、難なくクリアしたり、たとえ後ずさりすることがあっても、つまずくことはありません。そして、大きなチャンスを得たときは、確実にそれをものにして、次なる飛躍の糧とします。健康で元気な体があってこそ、大きな夢を描き、それを実現させようとするバイタリティに満ちあふれた人生を歩むことができるのです。

「何だかわからないけど、あの子は運がいいわね」とか「彼は大物になりそうだわ」と感じる子どもたちがいます。そういった子は、私が出会ったなかでは、例外なくしっかりとしたスキンシップを乳幼児期に受けています。素質と可能性を伸ばすのは、高度な教育システムや、豊富なおもちゃや食べ物ではありません。両親の深い愛情であり、スキンシップであり、その具体的な方法としてのマッサージなのです。

「素質」には体質なども含まれます。たとえば、小学生のころから肩こりで、ランドセルを背負っていて肩がつらくなったという話を、たまに聞きます。パパやママが「瘀血」（東洋医学の用語で、血の流れの悪い状態をいいます）の体質の場合、幼いころからその子も冷え性や肩こりになってしまうケースもあります。早い時期の体質改善が必要になります。経絡リンパマッサージは、そうした「素質」である「心」と「体」の発育を助けます。

マッサージの原点は「手当て」

パパやママ自身、おなかや腰が痛いとき、さすってよくなった経験はありませんか？私たちは体の痛いところに自然に手を当てます。それは、人間がもともと持っている感覚であり、「手当て」の原点です。「手当て」は悪いところに手を当てて癒す方法ですが、紀元前5世紀もの昔、医学を大成したヒポクラテスの時代から、すでに医療に取り入れられていました。そして、その「手当て」こそマッサージの原点なのです。

パパやママは子どもが痛がっているとき、誰に教わったわけでもないのに、自然にそこに手を当ててさすってあげるでしょう。それは子どもを守ろうとする本能から生まれた行為です。また「少しでも痛みを和らげてあげたい」と願う愛情のあらわれです。だから「手当て」には、痛みを癒す不思議な力があるのでしょう。

「手当て」が原点であるマッサージは、もともと、そうした相手を思いやるやさしい気持ちや純粋な愛情から生まれているのです。

将来は体で決まる!?

プロのスポーツ選手にしたい、女優にしたい、それとも社長、それとも……。

親になると、まず元気で幸せになってもらいたいと願うでしょうが、さらに子どもへの期待がいろいろ湧いてくるものです。

私がいろいろな方にマッサージをしていて気づいたことは、「出世している一流の人の体には特徴がある」ということ。

まず、何といっても筋肉の質や柔らかさが違うのです。触るとふかふかで、とても質のよい筋肉。コリもありません。そんな体は血色がよく、肌にもつやがあります。さらに目にも力があり、何事に対してもエネルギッシュです。

反対に、何か問題を抱えている人や悩んでいる人の体は、筋肉に弾力がなく、顔色も悪く、コリや冷え、むくみなどさまざまな症状があり、考え方もネガティブな傾向にあります。
つまり、出世する人とそうでない人では、明らかに体質や考え方が違っているのです。
確かに、子どもが親の希望どおりに育つのは難しいかもしれません。でも夢を実現させるには、「元気」な体質と、それに伴う強い精神力が基本であることは間違いないでしょう。
将来、詰め込み式に勉強をさせるよりも、何でも吸収することができるより質の高い〝器〟（体質）に育てることが大事。早い時期からの毎日のマッサージで意欲のある体づくりをして、それを現実にしてほしいと思います。

いい習慣が成功への鍵

成功している人には、必ず「いい習慣」が身についていることに気づきます。
「いい習慣」とは、努力しなくても自然にできること。たとえば朝早く起きる、ひとつひとつのことをきちんとできる、時間に遅れないなど、子どものころから親にいわれてきたようなこと。マナーもそのひとつでしょう。それが毎日の習慣として身についていると、面倒でいやなことも、自然と、無意識にできる大人になっているのです。

逆に悪い習慣ができてしまうと、大人になってから、努力しないとやれないことがたくさんできてしまいます。その結果、いやなことをストレスに感じることも多くなり、体にもつらい状況が生まれやすくなります。子どもは、いい習慣を身につけることでほめられ、叱られることも減り、ストレスが減ります。「だめ」、「いけません」、「できない」など否定的な言葉は、子どもが嫌いな言葉であり、子どもをだめにしていく言葉でもあります。

親が一緒になって、体の自己管理を小さいころから身につけさせてあげるのも「いい習慣」のひとつです。日本ではまだまだ予防医学に関する認識が遅れていますが、多くの大人たちがいま直面している体の不調や病気は、自己管理の習慣があれば予防できるものが多くあります。できるだけ早い時期から、マッサージなどの「いい習慣」を身につけることは、成功への鍵になると思います。そして家族の習慣にすることで、コミュニケーション豊かな、幸せな、いい循環が家庭に生まれるのです。

家族は最高のセラピスト

あたたかい手で、気持ちを込めてしてくれるマッサージは、本当に心癒されるものです。

マッサージは、自己愛を超えて、「この子（人）のために」という深い愛情を伝えることができます。その純粋な愛情は、子どもの心と体の奥深い部分にしみ込んでゆきます。「自分の存在を認めてもらえた」、「この世に生まれたことを歓迎され、祝福されている」と思うことは、人が生きていくうえで、とても大切な心の基礎になります。

親から愛情をいっぱいもらえた子は、愛情がどういうものか、自然とわかります。そして自分や周りの人にも、いっぱい愛情を与えることができる大人になれます。

さらに「今日は疲れている？」「今日は体が冷えている？」など、家族の間でお互いの体の調子がわかると、相手をいたわり、大切に思いやる気持ちが自然と生まれてきます。

これまで、親から子どもへのマッサージの大切さはお伝えしてきたと思いますが、私が考えるのは、それだけではありません。親から子への一方的なものだけではなく、子どもから親へのマッサージも大切だと思います。本当のコミュニケーションとは、一方的なものではなく、本来お互いにゆきかうものなのであり、「気」持ちの交換が大切なのです。

そしてマッサージは、言葉では伝えきれない愛情や相手の心と体をいたわる純粋な気持ちから生まれた最高のコミュニケーションの方法だと思います。

第2章

経絡（けいらく）リンパマッサージの基本

体や脳からマイナスのとどこおりがなくなります

子どもの体をキレイにするリンパの話

リンパは元気でキレイにする体のシステム

リンパ液は体液のひとつで、体の浄化や免疫機能に関係しています。

私たちの体には、リンパ管が網の目のように張りめぐらされ、リンパ液は、体のすみずみにまで流れています。子どもがすり傷をつくったとき、薄黄色い水のような液体がにじみ出てくるのを見たことありませんか？　あれもリンパ液なのです。

リンパ系は、たんぱく質や脂質などの栄養素や水分を、体のすみずみに運び、また体の不要物質や老廃物を静脈に運んで、腎臓そして膀胱から尿として排泄させます。さらには、体に入り込んだ細菌やウイルス、異物と闘い、体を守ります。リンパは体をキレイにする浄化と元気にする免疫システムの役割を果たしているのです。

リンパの流れをよくし、水分や老廃物をためない

リンパの流れがとどこおると、栄養分が運ばれにくくなるうえ、水分や老廃物もたまりやすくなって、体に不調をもたらします。

その流れを促し、体の浄化をスムーズにさせるのがリンパマッサージです。

リンパ液は、リンパ管にある弁が開いたり閉じたりすることで、一定方向に流れます。逆流することはありません。

リンパマッサージは、その流れの方向に沿って行います。たとえば腕は、脇の下の腋窩リンパ節に向けて、脚は、太ももの付け根の鼠径リンパ節に向けてマッサージを行います。

リンパ節とリンパ管

リンパ管は、空豆大のリンパ節（首の付け根、脇の下、太ももの付け根の内側など）に集まり、それぞれは、最後に大きな流れのリンパ幹となって胸の静脈に入ります。

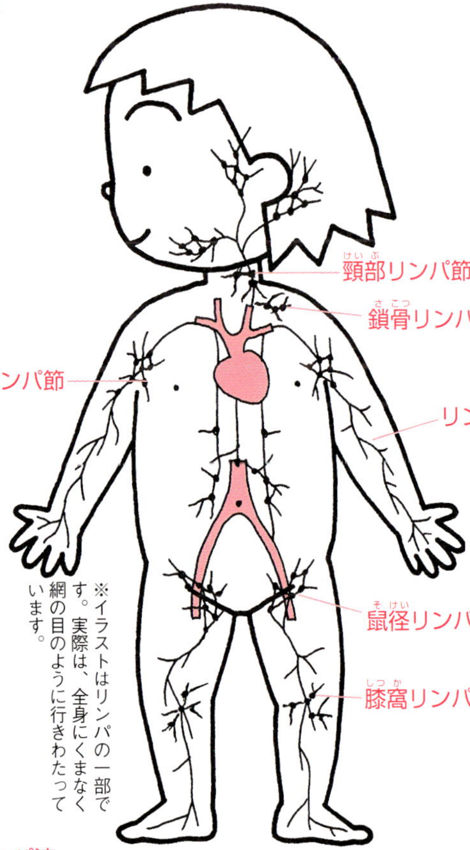

※イラストはリンパの一部です。実際は、全身にくまなく網の目のように行きわたっています。

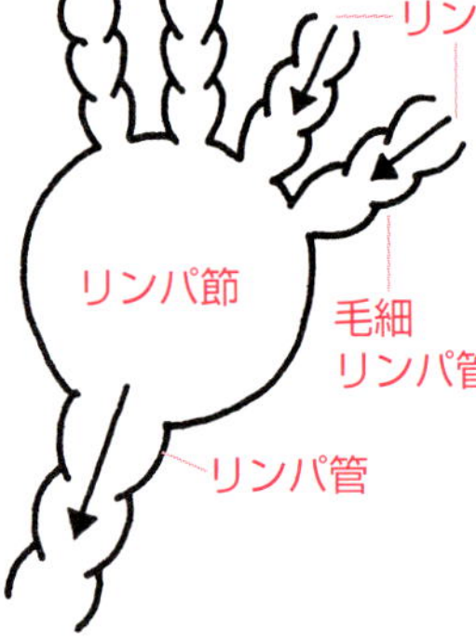

リンパ液の流れ

最初は毛細リンパ管が米粒大のリンパ節に集まります。さらに小豆・大豆大のリンパ節→空豆大のリンパ節へと集まって大きな流れになります。リンパ液は一定の方向に流れます。

子どもの体に気を充実させる経絡の話

経絡には生きるエネルギーが流れている

経絡と経穴（ツボ）は、東洋医学の基礎になるひとつの概念です。

東洋医学では、人間が生命を維持できるのは、体の中をエネルギーがたえず循環しているからだと考えます。

その生きるためのエネルギーである「気」や「血」などが流れる通路が経絡です。「経」は縦の流れを意味します。「絡」は横の流れです。つまり、体の中には臓腑と体表を結ぶエネルギーの通路が、縦横に張りめぐらされ、体のすみずみにまでエネルギーが行きわたっていると考えられているのです。

経絡の流れがスムーズな体の状態が健康で、経絡の流れが悪くなると体に変調があらわれます。

経絡の上にあり、外界に通じる出入口がツボ

経絡は、臓腑と体表を結び、太かったり、細かったり、凸凹しながら走行していますが、その上にあり、外界に通じる出入口になっているのが経穴（ツボ）です。たとえば、臓腑に変調や異常があると、経絡の流れがとどこおり、ツボを押すと痛いなどといった形であらわれます。

経絡の流れをよくするマッサージ&ツボ療法

経絡の流れのバランスを整え、体のすみずみにまでエネルギーを充実させるのが、経絡マッサージやツボ療法の目的です。それによってつらい症状が改善され、病気の予防にもなるのです。

経絡の流れ

経絡は、気・血などを運ぶルートです。「経脈（体の上下に走る）」と「絡脈（体の左右に横行する）」から成っています。

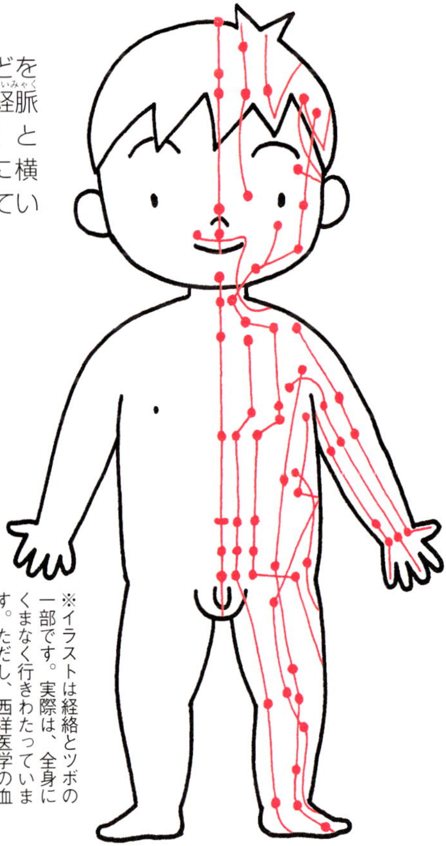

※イラストは経絡とツボの一部です。実際は、全身にくまなく行きわたっています。ただし、西洋医学の血管のように目に見えるものではありません。

ツボ（経穴）

経穴は経絡上の「出入口」の意。外界に通じ、臓腑に変調があればツボに反応があらわれ、ツボを刺激することで病変は改善されます。外部からの病気もツボを通して経絡を乱します。

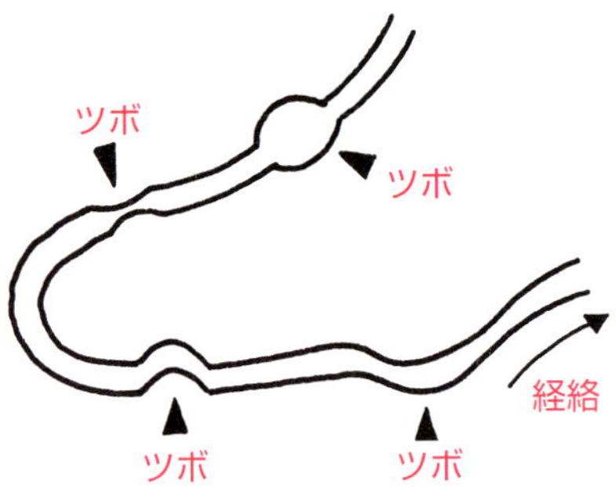

（イメージ図）

子どもに大切な14本の経絡とツボ

経絡の中で基本となるのは、「正経」と呼ばれる12本の経脈（P29～31の1～12のイラスト参照）と、「督脈」「任脈」の2本の経脈を合わせた14本です。

1～12の正経は、1→2→3→4……の順序でつながり、全身を循環しています。

督脈と任脈は、12の正経の連携を緊密にすると同時に、気血が盛んになればたくわえ、不足すれば補う役目があります。

一方、ツボは、赤ちゃんでは未発達です。1歳を過ぎてから生育されていきます。

督脈経

全身の「陽経」（P32参照）を調整。脳、脊髄、腎に関係する。

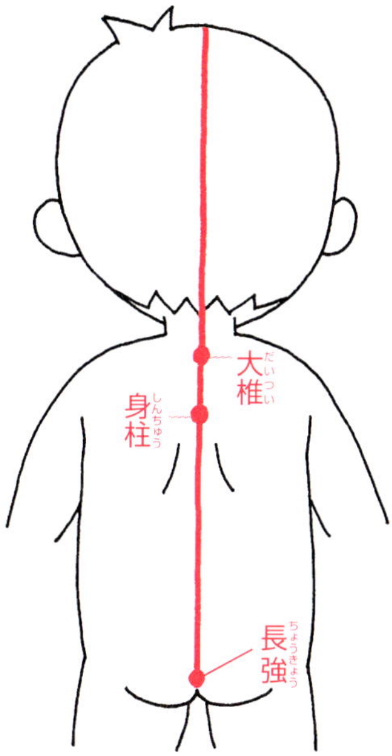

任脈経

全身の「陰経」（P32参照）を調整。妊娠や月経に関係する。

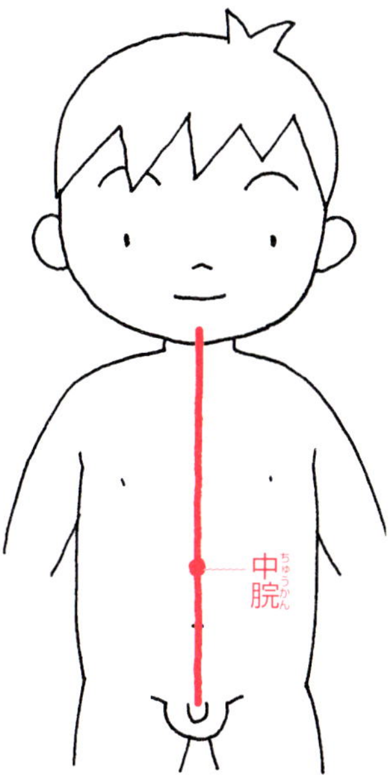

1.手の太陰肺経

呼吸、体内の水分調節、皮膚の働きに関係する。

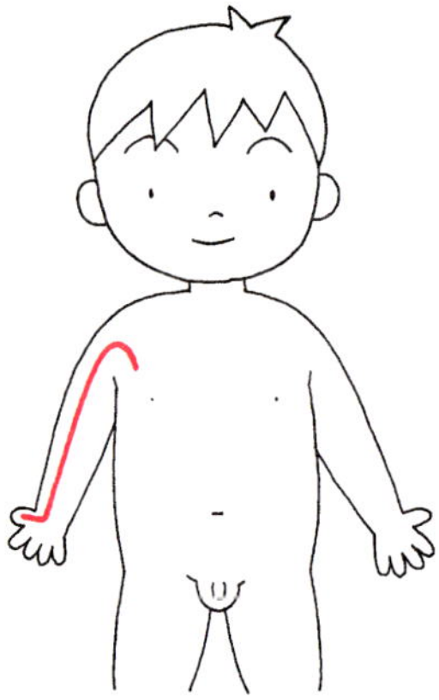

2.手の陽明大腸経

食物のカスから水分を取り、固形物を排泄する働き。

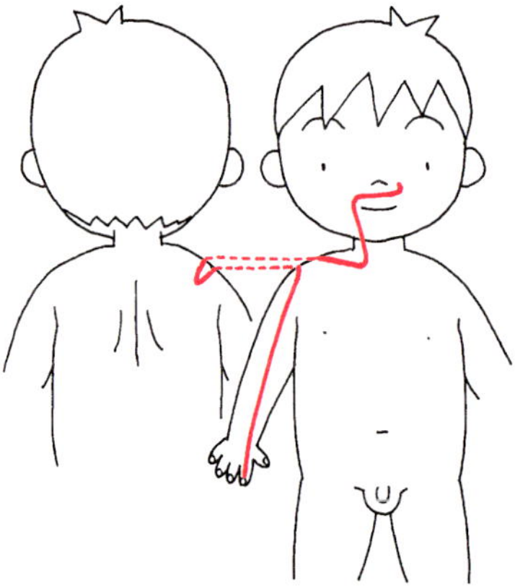

3.足の陽明胃経

食物を消化し、吸収しやすくする働きがある。

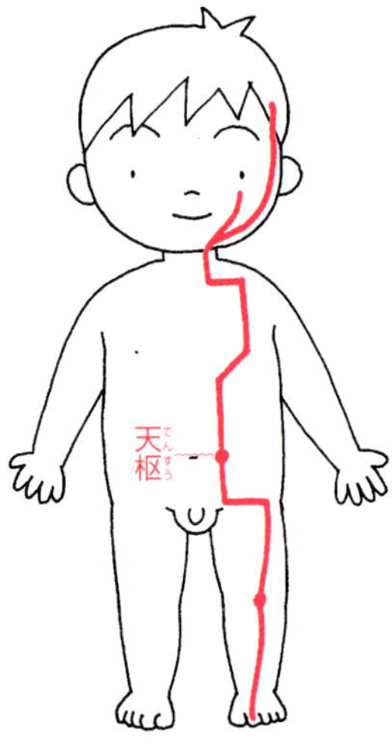

4.足の太陰脾経

食物を消化、吸収して栄養を全身にめぐらせ、水分を調節。

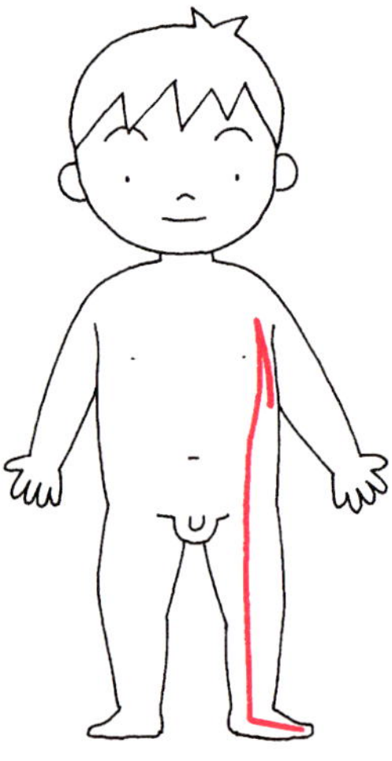

6.手の太陽小腸経

胃で消化された食物を、栄養分とカスに分ける働き。

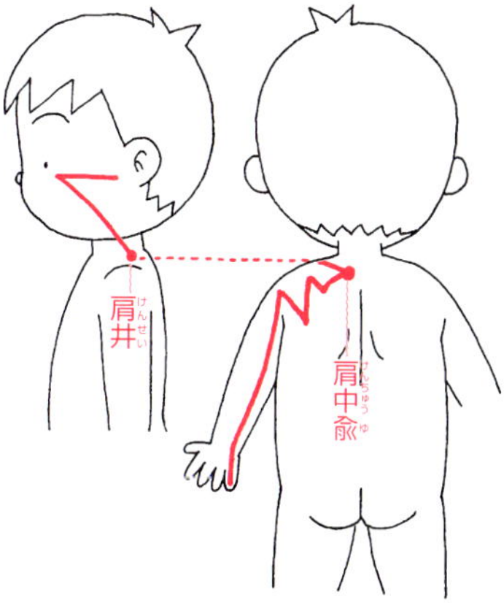

5.手の少陰心経

五臓（P32参照）の中心であり、精神活動に関係する。

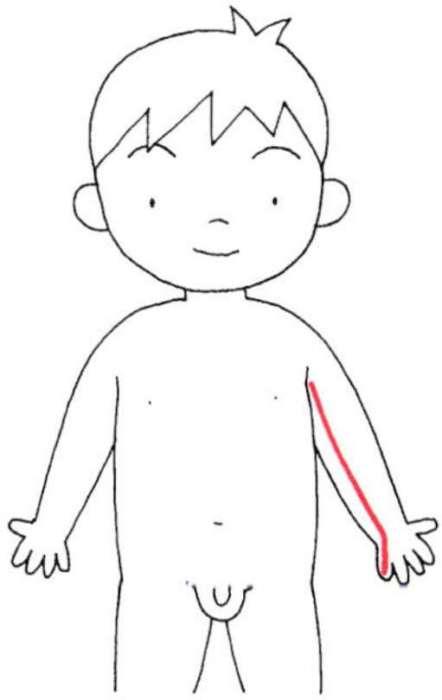

8.足の少陰腎経

生命の基本エネルギーである「元気」をたくわえ、水分や体液の代謝、呼吸を調節する。

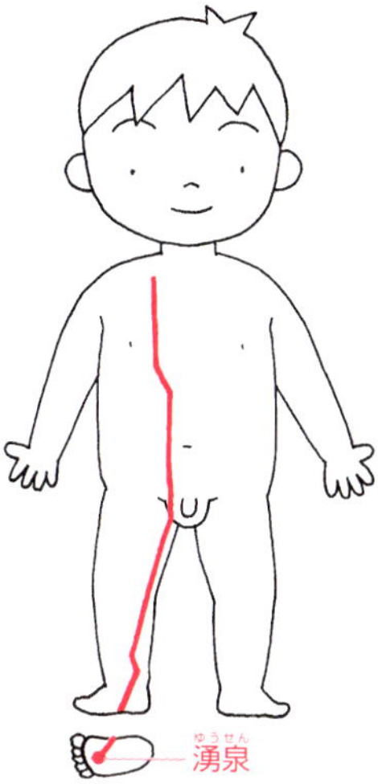

7.足の太陽膀胱経

尿をためて排泄し、臓腑の機能を調整する働き。

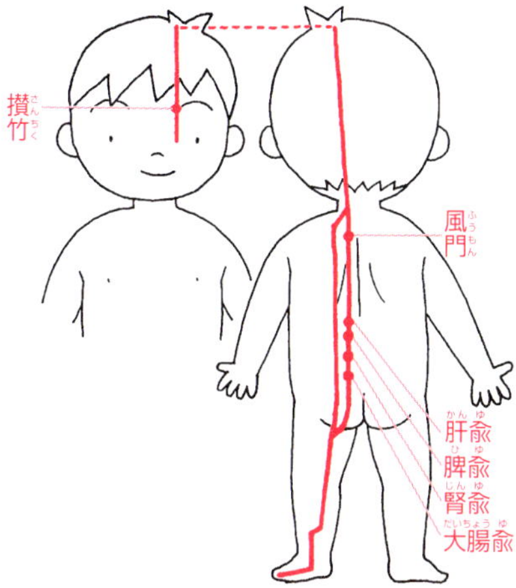

10.手の少陽三焦経

他の臓腑と関連して、水分の代謝を調整する。

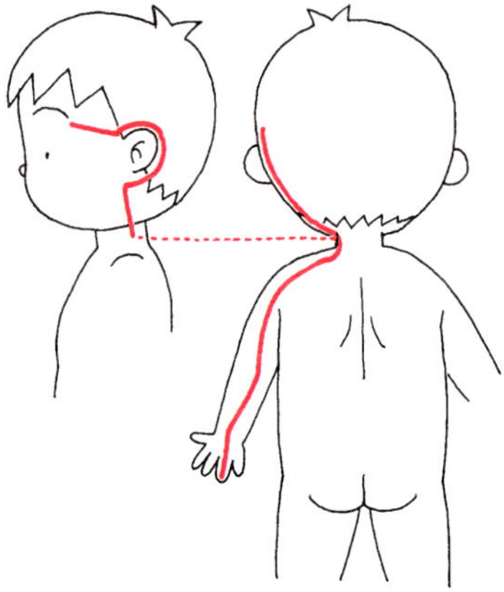

9.手の厥陰心包経

「心」を保護し、心臓の働きと関係する。

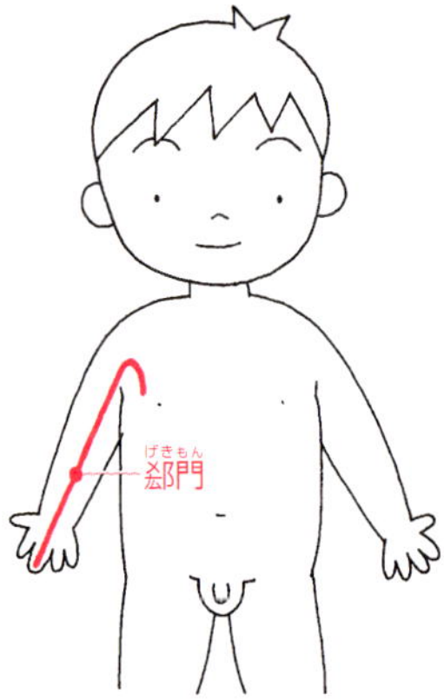

12.足の厥陰肝経

気や血の流れをよくしたり、血をためたり、筋や腱に栄養を与える働き。

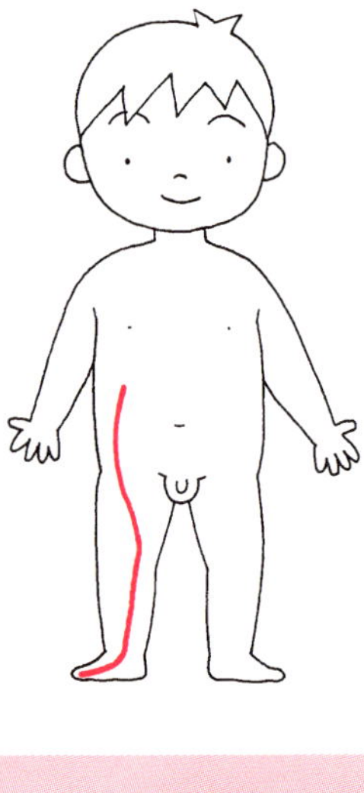

11.足の少陽胆経

胆汁をたくわえ、意思や行動をつかさどる。決断をくだす役割をになう。

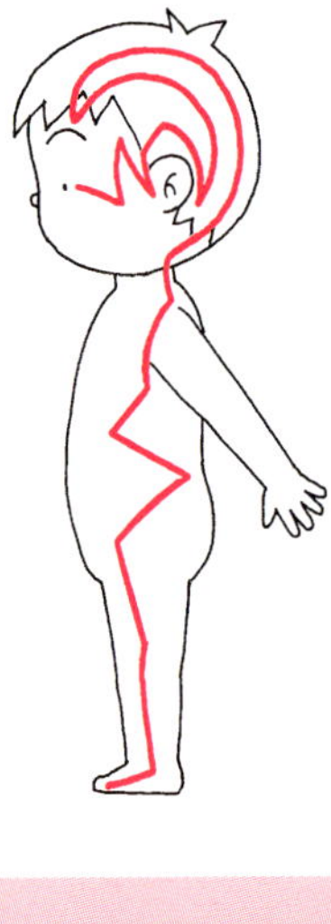

陰と陽と、五臓六腑

東洋医学では、自然界にあるすべてのものを「陰」と「陽」の2つに分けて考えます。「陰」は静的な部分を、「陽」は動的な部分をあらわすとされています。

たとえば体の表面は「陽」、体内は「陰」、背中側は「陽」、おなかの側は「陰」になります。

経絡には「陽経」と「陰経」がありますが、陽経はおもに体の外側を走り、「六腑」をつかさどり、陰経はおもに体の内側を走り、「五臓」をつかさどります。

陰と陽のバランスがとれて、健康な状態が保たれます。

体の陰と陽

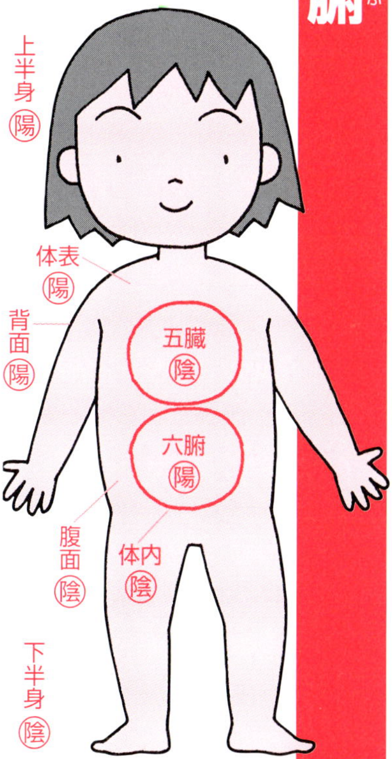

五臓

●肝 「血」をたくわえ、体の血量をコントロールする。

●心 「血」のめぐりを円滑にし、五臓六腑を統括。精神活動の源。

●心包（心に含まれる）「心」を守る役割。気を臓腑に送る。

●脾 「気」や「血」をつくり、全身にめぐらせる。体液も全身に運ぶ。

●肺 「気」をつかさどる。呼吸を行い、臓腑の働きを調整する。

●腎 生命を維持するエネルギーをたくわえ、発育に深く関わる。

六腑

●胆 胆汁の貯蔵と排泄をする。決断力をつかさどる。

●小腸 胃の一部として、食物を消化する。利尿作用も行う。

●三焦 「気」や体液を臓腑に行きわたらせる。免疫機能もつかさどる。

●胃 脾の指令を受け、食物を消化し、「気」と「血」をつくる。

●大腸 水分を吸収し、便をつくって排泄する。

●膀胱 尿をため腎気の作用によって体外に排泄する。

古代中国では、エネルギーを木・火・土・金・水の5つに分ける「五行説」が唱えられました。それを臓腑にあてはめたのが五臓六腑です。東洋医学の五臓六腑は西洋医学の臓器とは異なります。たとえば「肝・胆」が弱ると「腎・膀胱」が補い（相生）、「肝・胆」が強いと「脾・胃」が弱る（相克）というふうに、補い合ったり、対立しながらバランスをとる関係があります。五行説は器官や感情にもあてはまり、たとえば「肝」に異常があると目にあらわれ、また怒りっぽくなるなど、関連して考えます。

五行の表

五官…器官
五主…体をつくっているもの

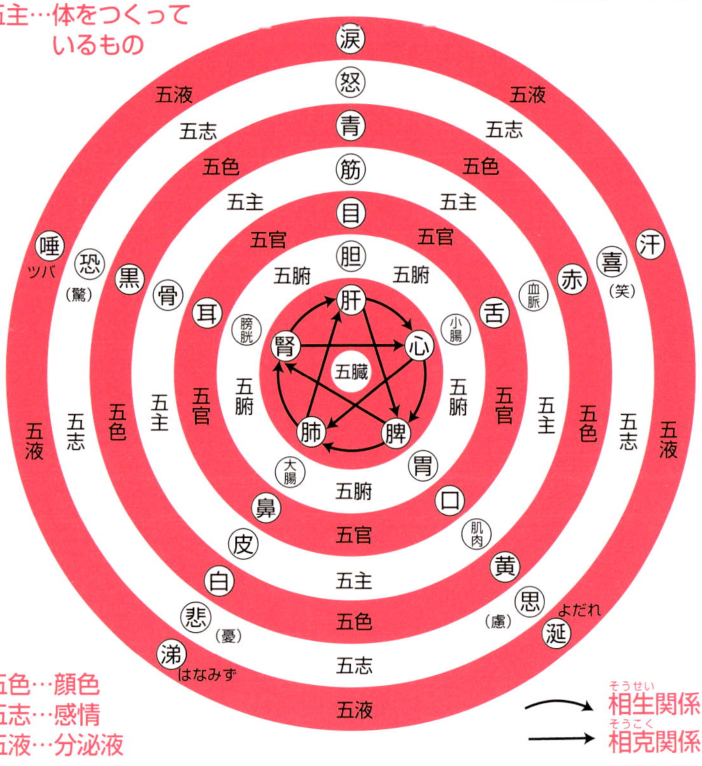

五色…顔色
五志…感情
五液…分泌液

骨格、筋肉の自然な仕組みを学ぼう

骨と筋肉の区別をするのがマッサージの基本

私たちマッサージ師は、3年間の勉強の中で、骨格と筋肉などについて解剖学の勉強を、いちばん深く学びます。

まず骨と筋肉の区別ができること、体のどこに、どんな骨や筋肉があるかを知ることが、正しいマッサージの基本だからです。それを知らないと、筋肉だと思ってマッサージしていたら骨だった、という笑えない危険なことも起きてしまうのです。

赤ちゃんや子どもは骨も筋肉も柔らかい

ふだん、子どもの骨格や筋肉がどんなふうになっているか、知る機会は少ないように思います。ここで、おおよその位置や名前を知っておきましょう。マッサージには筋肉が大切ですが、経絡（けいらく）やツボの場所をより正確に知るには、骨が基準になります。

子どもたちは骨も筋肉も柔らかいので、区別がつきにくいことがあります。でも基本を知っておけば、触ってわかるようになります。「こんなに柔らかいんだ」と知れば、むやみに強く押さないほうがいいことも、実感できるでしょう。

2歳ごろまでは頭のてっぺんを触らないで

また赤ちゃんの頭のてっぺんには、大泉門（だいせんもん）というぺこぺこへこむ部分があります。脳が発達するために、頭蓋骨（ずがいこつ）の接合部分がやわらかくなっているのですが、大泉門は2歳くらいまで閉じません。ここは絶対に押さないように、気をつけてください。

骨格の仕組み 多くの骨が組み合わさって骨格をつくっています。骨格は内臓を支え保護し、筋肉の付着する場所を与えて、体の支柱になります。

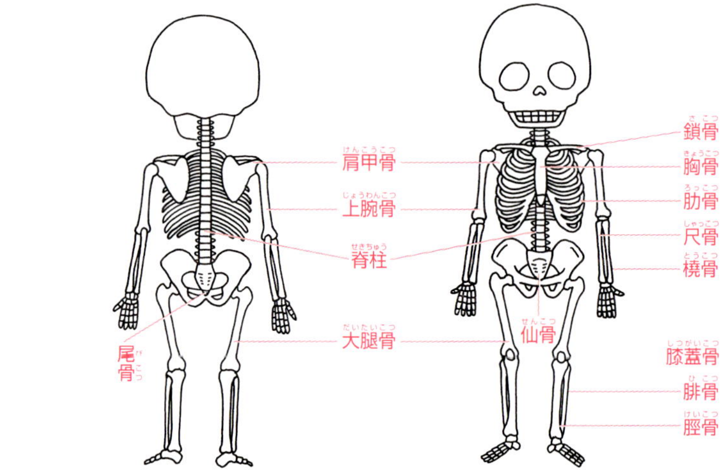

筋肉の仕組み 収縮することで骨を動かし、関節運動を行う筋肉を骨格筋といいます。筋肉はひとつの骨から起こり(起始)、必ず他の骨につきます(停止)。

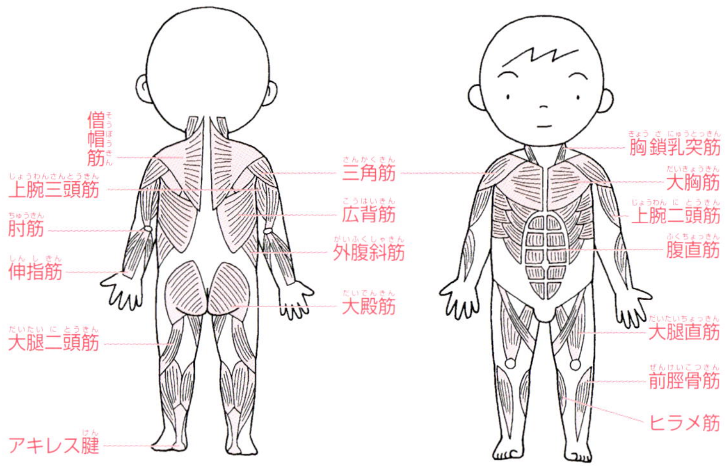

子どもの体の弱いところを観察してあげよう

毎日マッサージすると体の様子がよくわかる

毎日、子どもにマッサージをしてあげると、体をじっくり見たり、体に触れるので、子どもの体の状態がわかります。

大切なのは、健康な体の状態を知っておくこと。顔色、舌の様子、おなかや背中の硬さ、元気なときの状態などを知っておくと、「あれ、今日はおなかが少し硬いな」などと変化に気がつきます。

こんなふうに体を観察できるのも、キッズ&ベビーマッサージのよいところです。

東洋医学では「四診」が診察の基本

東洋医学では、患者さんを診察するとき、望診、聞診、問診、切診を行います。この四つの方法を「四診」といいます。

望診は、「顔色や、やせているか太っているかなどを目で見て診断する」、聞診は「鼻でにおいをかいだり、耳で声を聴いて診断する」、問診は「自覚症状などの話を聞いて診断する」、切診は「体に触れて診断する」ことです。

マッサージの前に「四診」を応用してみよう

東洋医学は難しいと思われがちですが、こうした四診を身近に活用することができます。たとえばマッサージを始める前に、「痛いところや、かゆいところはないかな?」と聞くことは、立派な問診に。「今日は声の調子が弱いな」と思うのは聞診になっています。

左ページを参考に、四診を試してみましょう。

全身を観察するポイント

パパやママが最初のお医者さん。変化に気づくには、ふだんの様子を知っておくことが大切です。調子が悪いときは、マッサージもお休みして。

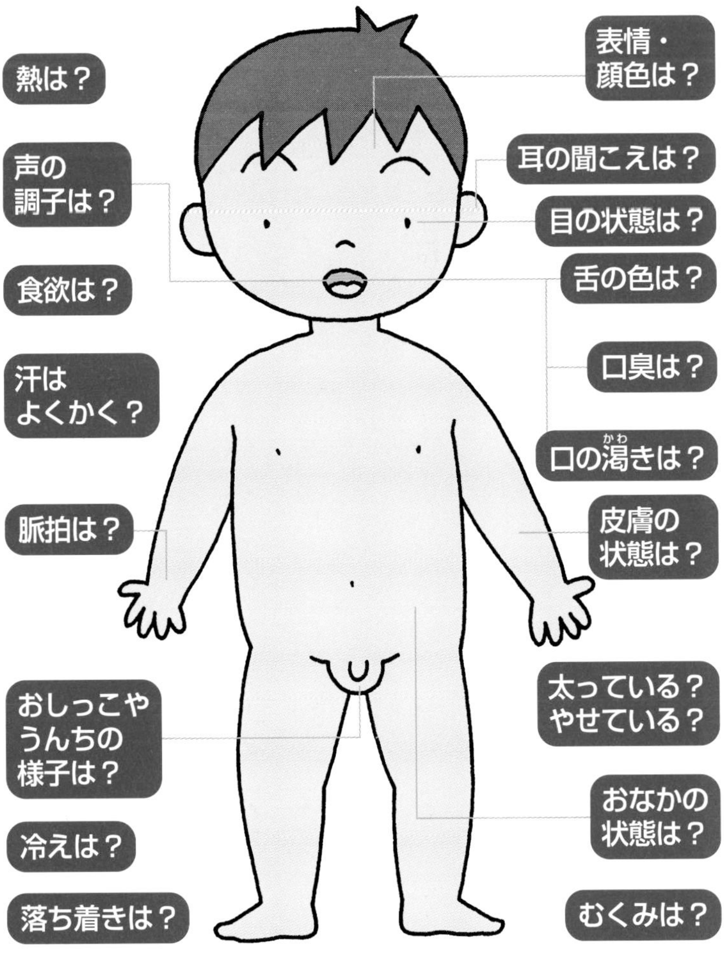

子どもの臓腑（ぞうふ）の「虚実（きょじつ）」を見る

東洋医学では、体質や体の状態を「虚実（きょじつ）」でも見ます。「虚実」というのは「気（き）・血（けつ）」の状態（エネルギーバランスの過不足）をあらわします。「実」はエネルギーが余っている、「虚」は不足している状態。表情や様子から臓腑の「虚実」を見てあげましょう。

	腎（じん）	肺（はい）	脾（ひ）	心（しん）	肝（かん）
実	イライラしやすい	ハーハーあえぐ	おなかが張る	よく笑う	怒りやすい

	「腎（じん）」は「精」をたくわえて全身に「精力」をみなぎらせ、ねばり強さや根気を生み出します。腎が実すると、イライラしやすく、胸に何か詰まったような息苦しさが。	「肺」は「気」を取り入れ、「元気の源」をつくります。肺が実すると、語気が荒くなったり、ゴホゴホせきが出たり、ハーハーあえいだり。鼻づまりなどの異常も。	「脾（ひ）」は「栄養や体液」を全身に運びます。脾が実すると、おなかが張る、下痢をする、食べなくなる、おしっこが少なくなったり出なくなる、などの症状が出ます。	「心」は「精神」をつかさどります。心が実すると、よく笑い、笑い声も大きく大胆です。笑いが止まらなくなるのは、心が乱れた状態と考えられています。	「肝（かん）」は「血（けつ）」をたくわえて、体の血量を調節する働きをします。怒りやすく、ちょっとしたことでカッカと頭に血がのぼるのは、肝が実した状態と考えられます。
虚	無気力	呼気が弱る	手足の力が抜ける	すぐ悲しむ	ビクビクしている

	「腎」は「精気」をつかさどるので、虚すると無気力になったり、何をしても根気がなく、すぐ飽きてしまいます。また耳鳴りがしたり、視力が悪くなったりします。	「肺」が虚すると、呼気が弱くなるほかに、体力がなくなって疲れやすくなったり、臓腑が抵抗力を失って、病気にかかりやすくなります。	「脾」が虚すると、「精気」が全身に回らなくなり、なよなよする、やせる、手足の力が抜けたようになる、唇が青白く、つやがなくなるといった症状が表れます。	「心」が虚すると、ドキドキ動悸（どうき）がしたり、うわごとをいったり、ちょっとしたことでメソメソします。舌が赤すぎたり、白かったりするときも心神が不足しています。	ぼんやりしている、ビクビク、話に力がないといったときは「肝」に異常があって肝が虚している状態。爪は柔らかく薄くなり、白っぽく、つやもなくなります。

第3章

0～1歳　ベビーマッサージ

親から愛、健康、安心を与えてあげる大切なスタートです

温かい環境づくり、ママのやさしい準備

ベビーでもキッズでも、フルマッサージをするときは、安心してマッサージを受けられるように、部屋の環境を整えてから始めましょう。といっても神経質になることはありません。カーテンを閉めるなどして部屋を少し暗くし、リラックスできる場をつくってあげればいいのです。部屋は清潔にして、一定の室温で。子どもは満腹でも空腹でもない時間に。

あいた時間にやろうと思うのではなく、毎日、行う時間を決めて習慣化し、「子どもが喜ぶ時間」をつくると考えてください。ゆったりした音楽をかけてもいいですし、ママが歌を歌いながらマッサージしてもいいでしょう。子どもはママの歌が大好きです。ママも子どもも楽しんで行うのが、とてもいい効果を生みます。

ママは、爪やアクセサリーや髪が子どもの邪魔にならないよう清潔に。スムーズにマッサージをするためにオイルを使いますが、ピュアなホホバオイル、グレープシードオイル、ココナッツオイルなど植物性のものを。使うときは、温めたママの手でオイルを握って温め、手にとってから伸ばして。子どもの肌に合わないときはすぐに使用をやめましょう。

マッサージを行う場所は清潔に

マッサージをするときに注意すること

① 子どもに熱があったり、体調やご機嫌（きげん）が悪いときは行わない

マッサージは子どものご機嫌がいいときに。調子が悪いときには避けましょう。

② ママの体調が悪いとき、気が乗らないときは無理に行わない

ママの状態が子どもに伝わって不安な気持ちにさせます。よい結果も生みません。

③ 毎日コンスタントにすることで、効果がアップ

「継続は力なり」。継続して行うことでだんだん変化があらわれ、さらに効果が高まります。毎日のマッサージのよい習慣が、よい結果につながります。

④ 1か所のマッサージは、3〜5回を3〜5セットが基本

部分的に刺激を与えすぎるのは、かえってバランスをくずす可能性があります。子どもにとっての適切な方法で、時間、回数、処方を正しく守ることが大切です。

⑤ まとめてたくさん行うのはやめる

たくさん行うと効くような気がしますが、それは逆効果です。毎日、適量を守ること。

⑥ 特にベビーにマッサージをするときは、やさしく行う

赤ちゃんは柔らかく、少しの刺激でも効果があります。強く行ったり、無理なマッサージは逆効果になることも。骨や筋肉の知識を理解してから行います（P34参照）。

⑦ ベビーは、頭のてっぺんに触るのは危険

頭蓋骨には脳が発達するためのゆるみが。2歳ぐらいまでは閉じないので押すと危険。

手のひら、手の指の使い方、6つの基本

マッサージの効果を高めるためには、手や指の使い方、力の加減がとても重要です。経絡リンパマッサージでは30種類以上の基本テクニックがありますが、キッズ&ベビーマッサージではそんなには必要ありません。

6種類ほどの手技を知っておけば大丈夫。なかでもさする「軽擦法」はよく使うので、4種類の軽擦法をよく知って、部分によって使い分けましょう。

いずれにしてもキッズ&ベビーには、あまり力を入れないで、さする程度が目安です。

手掌軽擦法

手のひらを体にやさしく密着させてさする方法で、広い範囲をマッサージするときに使います。リンパや循環器系に作用して、新陳代謝を促します。

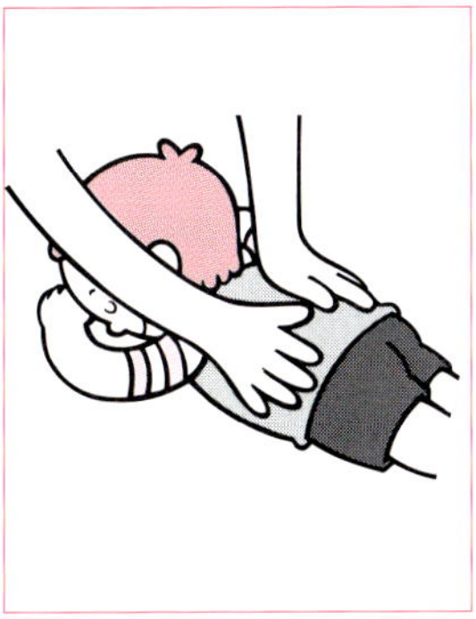

母指軽擦法

親指の腹を体に当ててさする方法で、おもに経絡のラインを刺激して流れを促すときに使います。少し力を入れてさすります。

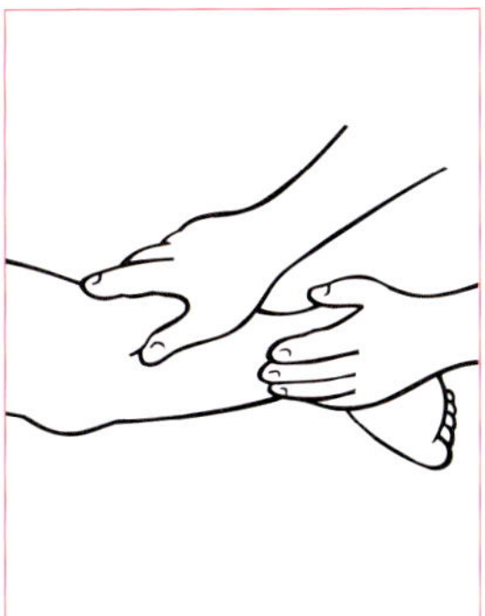

二指軽擦法（にしけいさつほう）

親指と人差し指の間にマッサージする部分をはさんでさすります。おもに手の指や足の指のマッサージに使います。

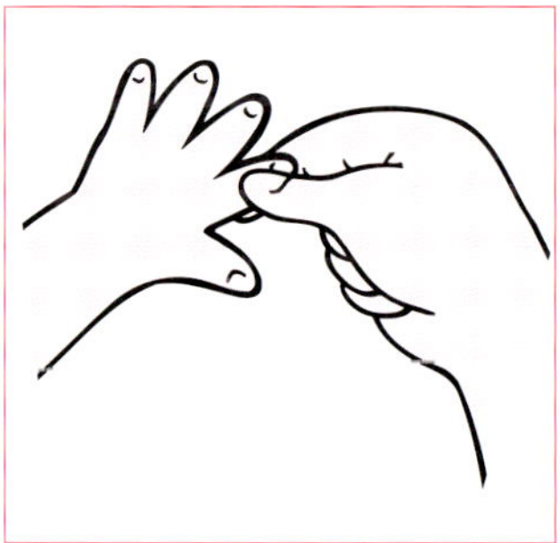

四指軽擦法（ししけいさつほう）

親指を除いた４本の指の腹でさする方法で、おもに首や皮膚の柔らかい部分の経絡（けいらく）やリンパを流すときに使います。

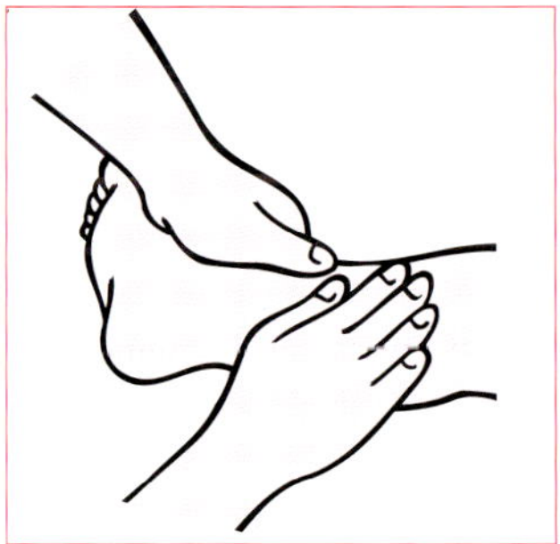

拍打法（はくだほう）

手のひらで卵を包むような山型をつくり、ポコポコたたく方法。おもに背中や胸、おなかに使い、血のめぐりをよくします。

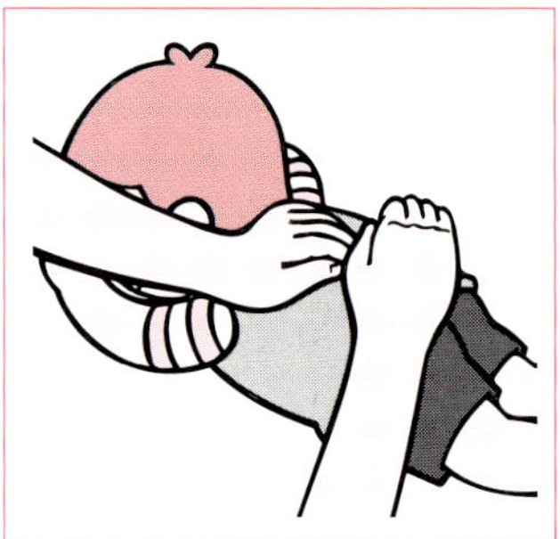

母指圧迫法（ぼしあっぱくほう）

おもにツボの刺激に使います。親指でツボを垂直にゆっくり押し、ゆっくり戻します。力を加えたいときなどは、親指を重ねて押す両母指圧迫法（りょうぼしあっぱくほう）も。

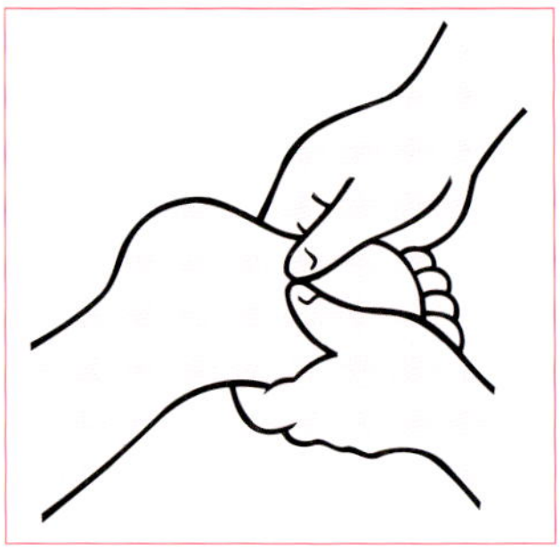

生まれてくる子の素質を高めてくれます

ベビーマッサージは早い時期に始めれば、それだけ効果があります。当たり前のことですが、赤ちゃんはママのおなかの中に誕生したときからベビーなわけです。ですから妊娠中から始めるのが、いちばん早いベビーマッサージになります。

妊娠中にマッサージをすると、ママの経絡（けいらく）・リンパの流れがよくなり、代謝もよくなることで赤ちゃんに栄養や酸素が行きわたります。また「気」を取り入れることで、エネルギーが赤ちゃんに伝わります。実際、妊娠中にマッサージをしたママから生まれた子を見ると、いつもご機嫌（きげん）だったり、元気で落ち着いていたり、記憶力がよかったりします。赤ちゃんが、いいコンディションで生まれてくれれば、ママもその後の子育てがだんぜん楽に。

妊娠中は、ママの体にも、つわりや腰痛など不快な症状が出やすい時期です。妊娠中のベビーマッサージは、それも緩和（かんわ）してくれます。ママの体調を管理する意味でも、ぜひ続けてみてください。妊娠初期、中期、後期では内容が変わります。ただし無理はしないこと。体調がすぐれないとき、気が向かないときはやめて、体を休ませてあげてください。

妊娠初期

8週〜15週ごろ

赤ちゃんがおなかにいる実感がないころですが、冷えやむくみがあると、つわりがひどく出たりします。ママの血(けつ)や気(き)の流れをよくするマッサージをしましょう。ただし、脚の三陰交(さんいんこう)のツボや腰は触らないで。

※三陰交…内くるぶしの上から指4本目あたりの骨のきわのツボ。子宮収縮に関係する。

足の裏

「母指圧迫法(ぼしあっぱくほう)」で足の裏を押していきます。むくみや疲れが緩和されます。

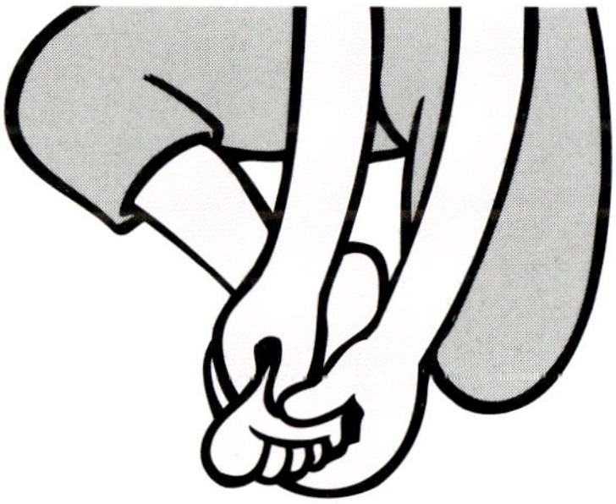

首

「四指軽擦法(ししけいさつほう)」で、首の横を上から下にさすり、リンパを流します。

胸〜おなか

両手のひらを交互に使って、胸からおなかまでさすり下ろします。体にたまった毒素を浄化します。

妊娠中期
16週〜27週

多くの人はつわりも終わり、安定期に入りますが、妊娠６か月ころから、おなかが急に出てきて、足のむくみが出やすくなります。ママの体調が赤ちゃんの健康のベースになるので、引き続きマッサージを。

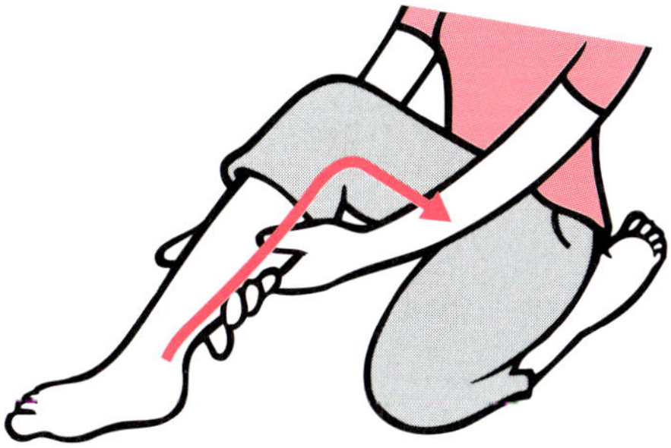

ふくらはぎ〜太もも
両手で脚をはさみ、足首から太もものリンパ節に向かってさすり、リンパを流します。脚の疲れが緩和されます。

肋骨（ろっこつ）の上あたり
胸とおなかの間あたりを、中心から外に向けて「四指軽擦法（ししけいさつほう）」でさすります。大きなおなかの圧迫感が和らぎます。

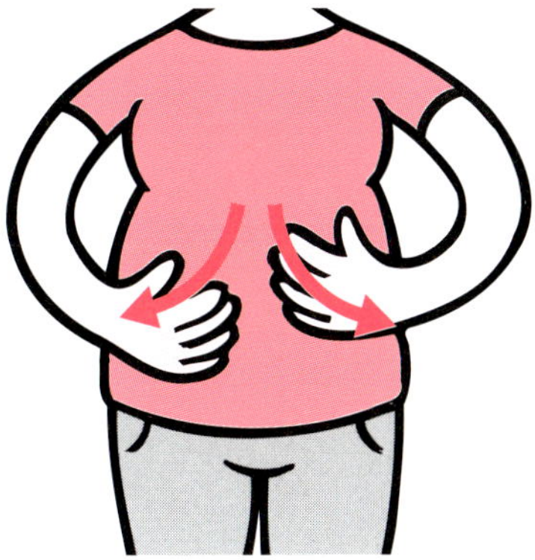

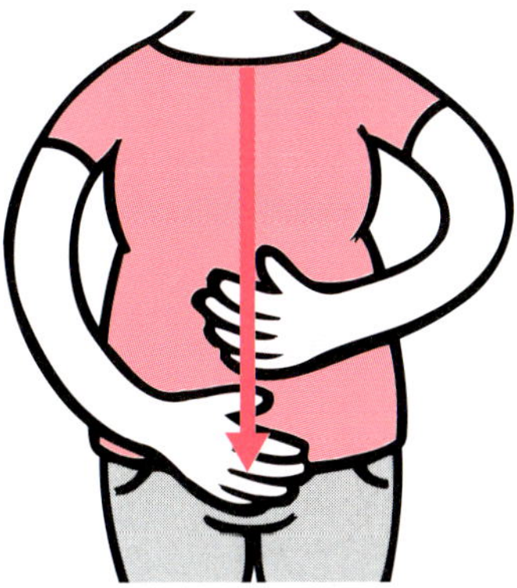

胸〜おなか
初期と同様、両手のひらを交互に使って、胸からおなかまでさすり下ろします。体にたまった毒素を浄化します。

妊娠後期

28週〜40週

全身の経絡のバランスを整えます。ママの経絡の流れがよいと赤ちゃんの経絡の流れもよくなり、健康な体質の赤ちゃんが生まれやすくなります。おなかがかなり大きくなるので、特に下腹部マッサージを。

腰〜おしり

腰からおしりの丸みに沿って円を描くようにさすります。大きなおなかに圧迫されてあらわれる腰の痛みが緩和されます。

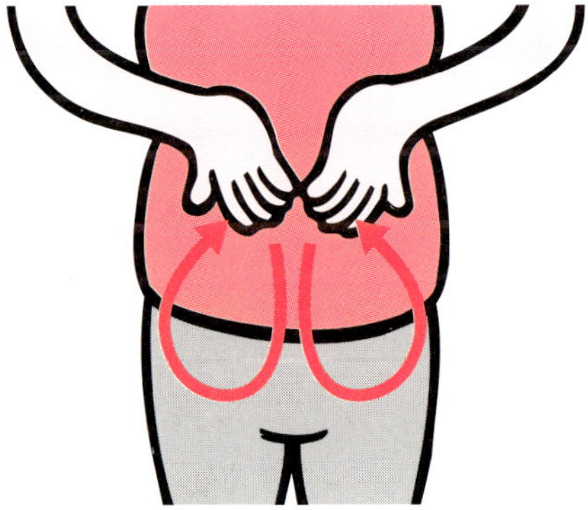

鼠径部（太ももの付け根）

太ももの付け根を、外側から内側のリンパ節に向けて、「四指軽擦法」でさすります。排泄の機能がよくなり、安産につながります。

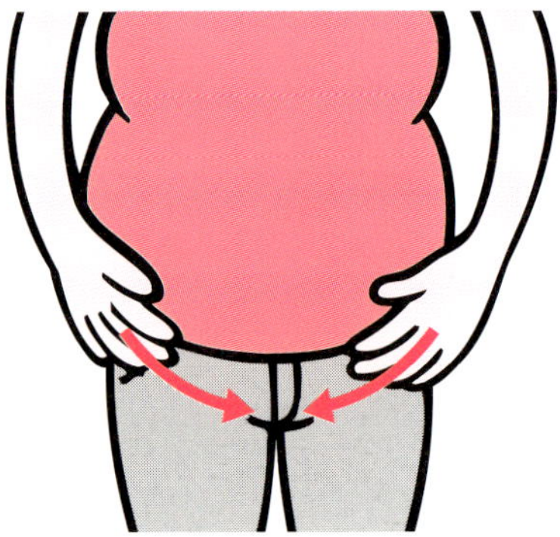

鎖骨付近

鎖骨付近を肩から手前に、「四指軽擦法」でさすり、その位置から脇の下の腋窩リンパ節に向けてさすります。

●ベビー編　1日5分

簡単ベビーマッサージ

生まれてすぐ～首がすわるころまで

親と子のコミュニケーションのスタートです

出産後はママの体も疲れているうえ、授乳やおむつ替えで大忙しの時期。はじめての赤ちゃんならなおさら、触るのもこわごわといった感じではないでしょうか。

ベビーマッサージも流れが大切なので、本来はたっぷり行うのがいいのですが、この時期はまず、赤ちゃんに触れることやマッサージに慣れることを考えましょう。

赤ちゃんを寝かせて行わなくてもかまいません。ママがリラックスしているときに、おなかの上に赤ちゃんを乗せて、全身で受けとめてあげてください。そして背中や脚を軽くさすったり、ポコポコたたいてあげましょう。

ママの体と触れ合うことで赤ちゃんは安心し、マッサージは気持ちがいいもの、好きなものとして記憶されます。そして、ママと赤ちゃんの信頼関係も深まります。

ママは、マッサージをやってあげたいな、と思ったら、自然な感じでいつでもしてあげてください。ただ、刺激を加えすぎるのはよくないので、加減して。赤ちゃんが不安がったり、いやがるときは、無理をしないで、ご機嫌(きげん)のいいときに行いましょう。

背中

①クッションなどにもたれてリラックスし、赤ちゃんを抱っこ。
②手のひらで、背中を上から下に、軽くさすり下ろします。

足〜脚の背面

赤ちゃんを抱っこしたまま、手のひらで、足首から太ももまで、脚の背面をさすり上げます。

足裏

親指の腹で、足の裏を、まんべんなく押していきます。

手のひら

赤ちゃんは手に触ると反射的に握りますが、親指の腹で、手のひらを軽く押します。

背中をたたく

手で山型をつくり、背中全体を、軽くポコポコたたいていきます。

余裕があれば寝かせて

胸〜おなか

①両手のひらを赤ちゃんの脇の下に置き、腰までさすります。
②両手のひらを交互に使い、胸のまん中を、上から下にさすります。

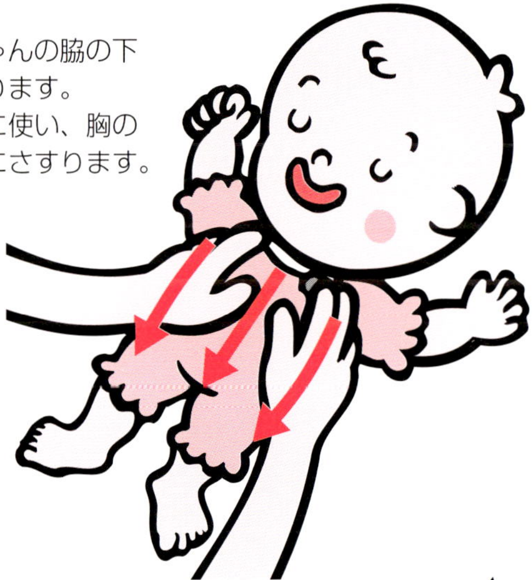

脚の経路（けいらく）

①親指の腹で、脚の外側の経絡（けいらく）（陽経（ようけい））を流すように、足首から鼠径部（そけいぶ）（太ももの付け根）までさすり上げます。
②同様に、内側の経絡（陰経（いんけい））を流します。

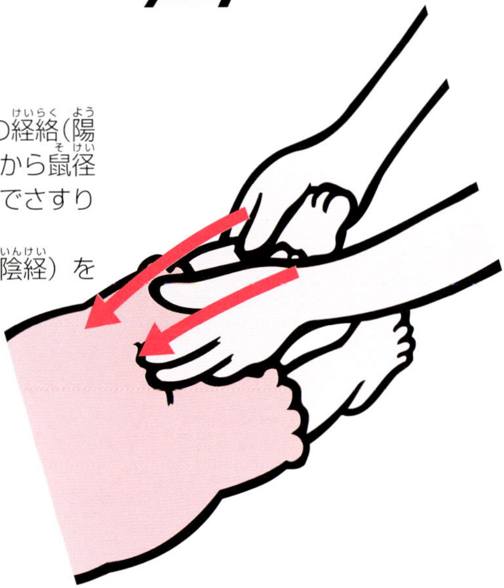

体の中に健康のエネルギーが宿ります

ママも落ち着いてきて赤ちゃんに慣れたら、経絡(けいらく)リンパマッサージの基礎理論に基づいたマッサージを始めましょう。いままでのマッサージと違い、赤ちゃんに触れればいいという段階から、テクニックを学び、経絡やリンパの流れをよくして、実際に効果をあげるマッサージへと移るときです。

そのためには、マッサージの時間をきちんととり、最初から最後まで順序に沿って行うことが大切です。手指の使い方の基本をしっかり練習し（P44参照）、経絡やリンパの流れがよくなるように、マッサージする方向を理解してから行ってください。

本来、経絡リンパマッサージは、「陽経(ようけい)」の流れている背面から行うのですが、うつ伏せに慣れていない赤ちゃんも多いので、はじめはあお向けにして、体の前面からスタートします。このくらいの時期から、経絡・リンパの流れる方向を守り、正しくマッサージをしてあげると、思った以上に体重が増えたり、発育がよくなるので、びっくりするでしょう。

もちろん、赤ちゃんのご機嫌(きげん)を見ながらするのは、簡単マッサージと同じです。

あお向けで 足〜脚

足裏

赤ちゃんの足裏を、親指の腹ですべるようにさすります。

脚の経絡(けいらく)

親指の腹で、脚の内側の経絡(けいらく)（陰経(いんけい)）を流すように、足首から太ももへさすり上げます。同様に、脚の外側の経絡（陽経(ようけい)）も流します。

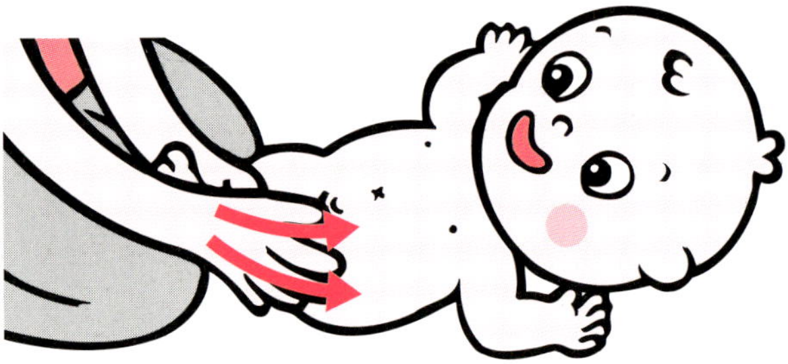

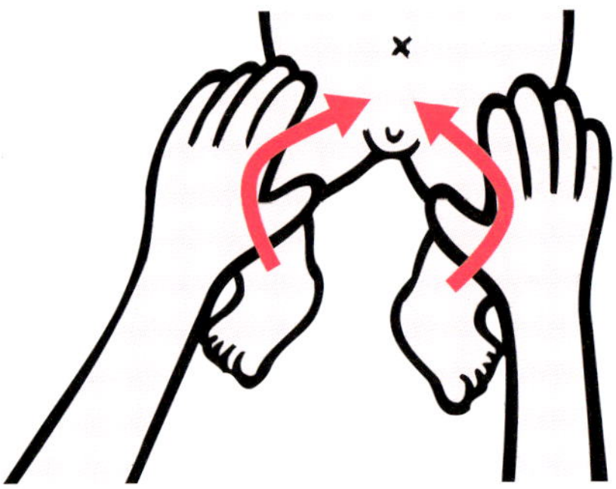

脚のリンパ

両手を赤ちゃんの両足首に置き、手のひらで、両脚の内側を、足首から股関節内側のリンパ節に向かってさすり上げます。

あお向けで
体の前面

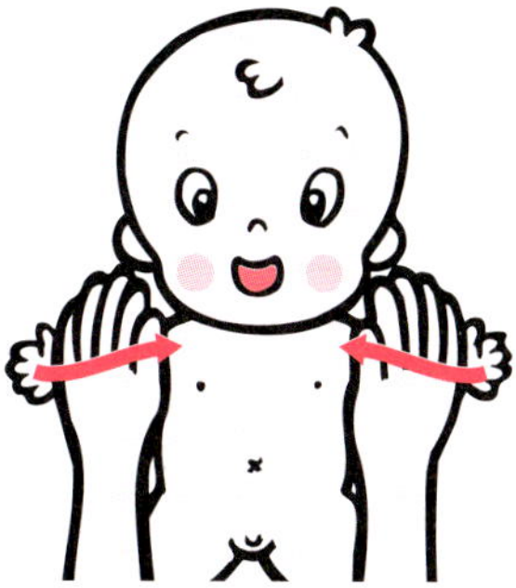

腕のリンパ

手のひらで、腕の内側を、手首から腋窩リンパ節（脇の下）に向けてさすります。

手のひら

赤ちゃんの両手のひらに置いた親指の腹で、手のひら全体をまんべんなくさすります。

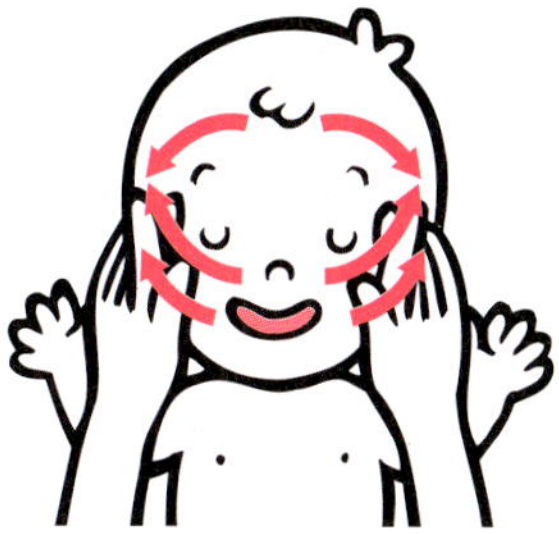

顔

「四指軽擦法」で、①口の両脇からこめかみへ、②小鼻の両脇からこめかみへ、③額の中央からこめかみへマッサージします。

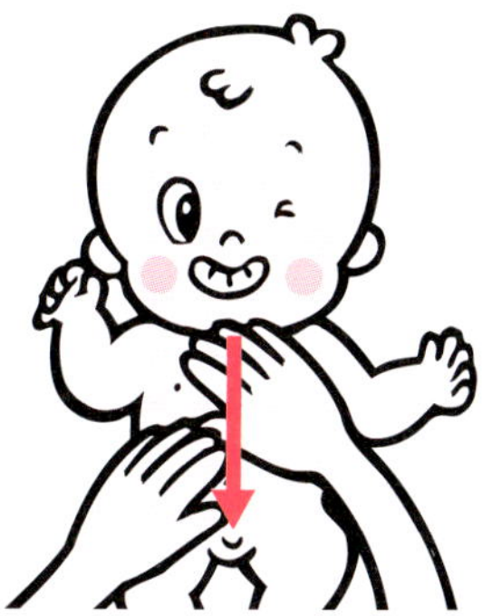

胸～おなか

両手のひらを交互に使い、胸のまん中（任脈＝P28参照）を、上から下にさすります。

うつ伏せで 体の背面

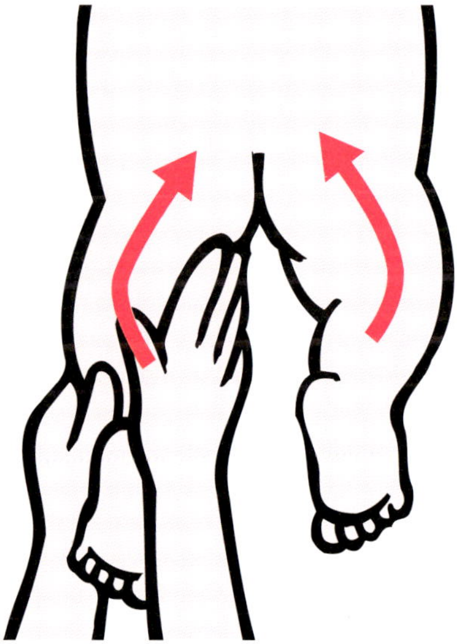

脚の経絡（けいらく）

親指の腹で、脚の背面、側面の経絡（けいらく）を流すように、足首から太ももへさすり上げます。

おしり

両手のひらで、おしりの内側から外側に、下向きに円を描くようにして、さすります。

うつ伏せで
背中

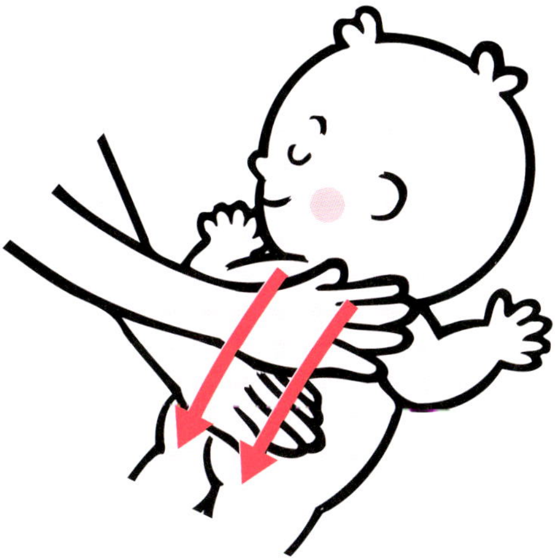

背中の経絡（けいらく）

手のひらを交互に使い、背中の経絡（けいらく）を流すように、上から腰のあたりまでさすります。

背中をたたく

両手で山型をつくり、両手を交互に使って、背中全体を軽くポコポコたたいていきます。

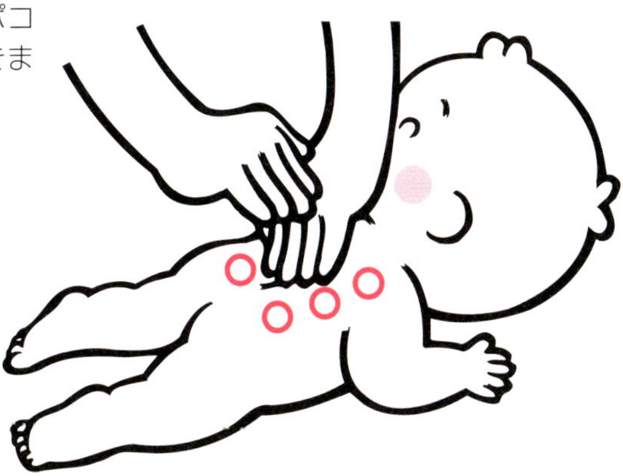

第 4 章

2～6歳　キッズマッサージ

体のバランスを整え
予防医学としても
役に立ちます

●キッズ編　1日20分

たっぷりキッズマッサージ

2・3・4・5・6歳のころ

足先から頭まで全身キッズマッサージ

「ベビーマッサージはしていたけど、うちの子はもうキッズだから意味ないわね」と思っていたら、ちょっと待ってください。できるだけ早く始めることは大切ですが、いまから始めても、決して遅くはありません。

このくらいの年齢は、たとえば下の子が生まれたり、幼稚園や保育園に行くなど集団生活を始めたり、いままでとは違ったストレスが加わって、それまで出ていなかった症状が出てきたりもしています。そういう時期に、マッサージをしてあげるのは、ストレスに強い心身を育てる、とても意味のあることなのです。ママに触れてもらった子どもの情緒は安定し、信頼関係が生まれます。また、いい体質をつくることで、病気が未然に防げるでしょう。

キッズの体はまだ未熟ですが、ベビーとは違い、大人に近いマッサージの方法がとれます。この「たっぷりマッサージ」は、全身をマッサージして、気血(けけつ)の流れのいい体質にするところに意味があります。毎日、マッサージの時間をとって、習慣にすることが大事。刺激が多すぎてもよくないので、1週間分まとめて行うようなやり方は避けましょう。

スタートのマッサージ

いきなりマッサージを始めるのではなく、お話ししたり、歌を歌ってあげたり、全身をやさしくさすったりして、ママも子どももリラックスしましょう。子どもはうつ伏せにして、「陽経(ようけい)」である背中側からスタートさせます。

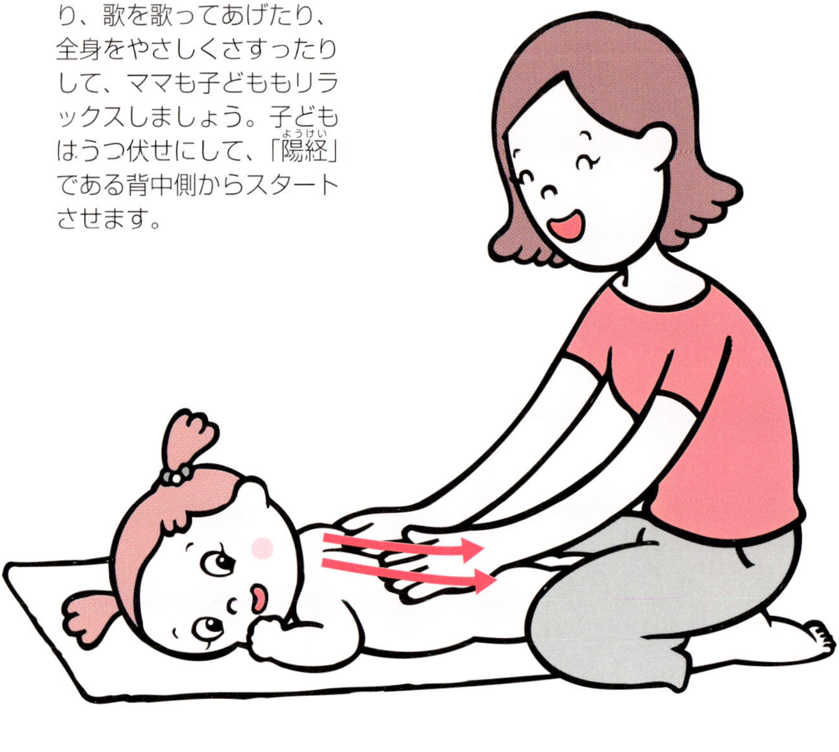

うつ伏せで
足

ママの姿勢

子どもの足側に、正座やカエル座りなど、疲れない姿勢で座ります。マッサージするときは、少し腰を浮かせます。

足の裏

①足を持ち、親指の腹で、足裏全体を軽くさすります。
②両親指を重ね、足裏全体を押していきます。
③最後に「湧泉（ゆうせん）」（P87参照）のツボを押します。

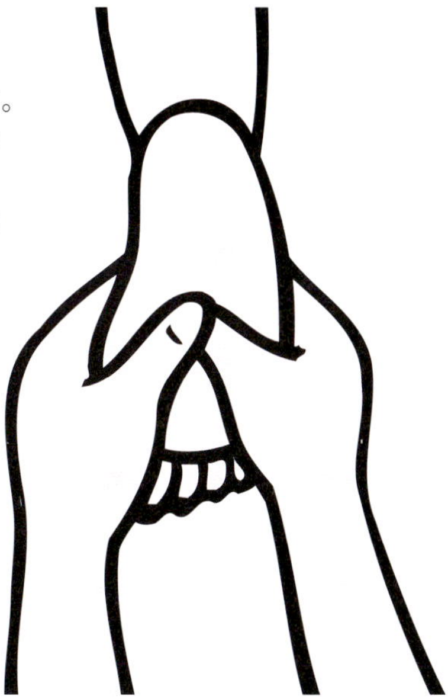

足の指

①親指と人差し指で、子どもの足指を１本ずつはさみ、軽く力を入れます。
②指と指の間を広げたり、ママの指ではさみます。

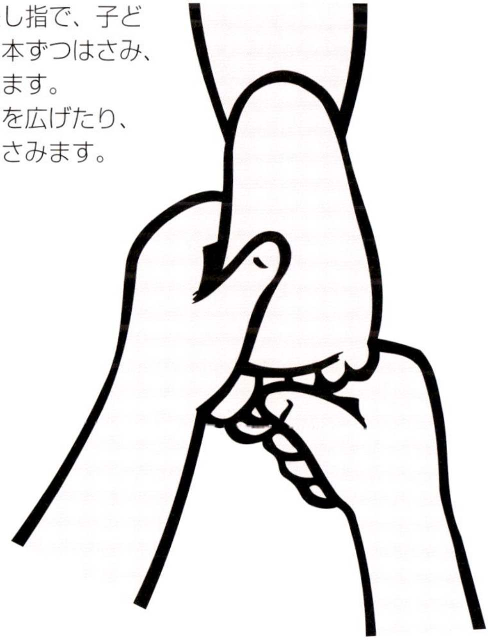

ベビーの場合

足が小さく、足指を１本ずつもむのが難しいときは、つかめる指を前後に揺らすだけでもいいでしょう。

うつ伏せで
脚の背面

脚の背面全体

両手のひらを交互に使いながら、足首から太ももの方向に、少し圧をかけてさすります。

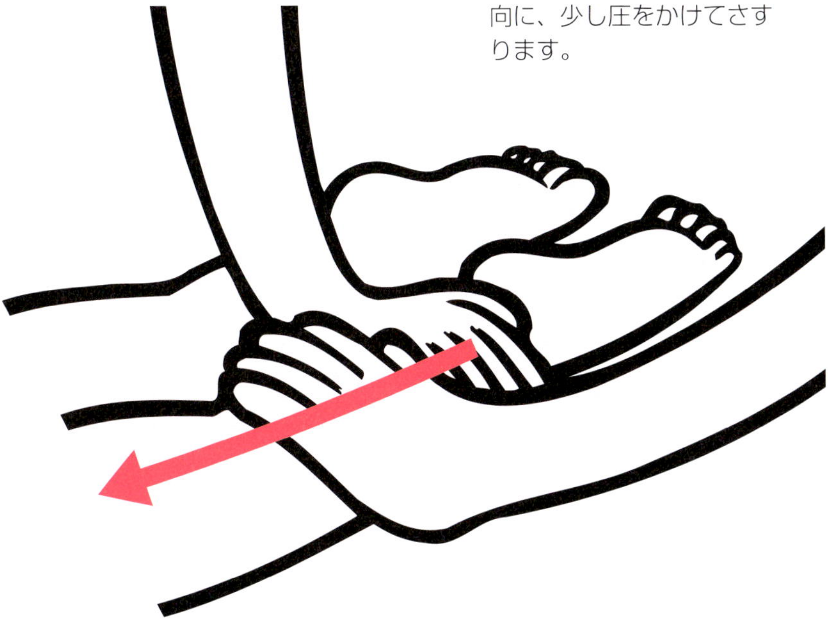

外側の経絡

親指の腹で、脚の外側の経絡を流すように、足首から太ももへさすり上げます。

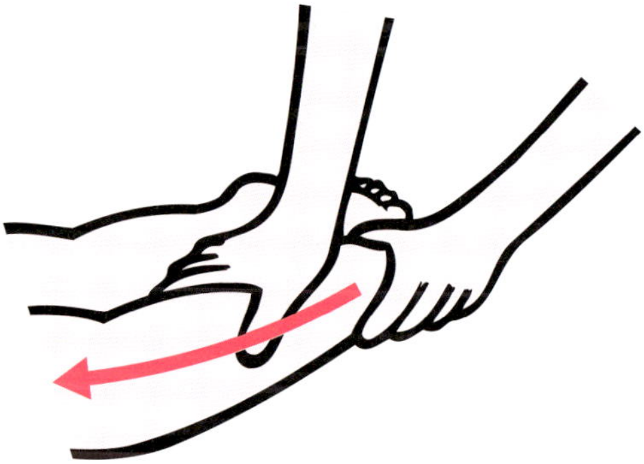

内側の経絡

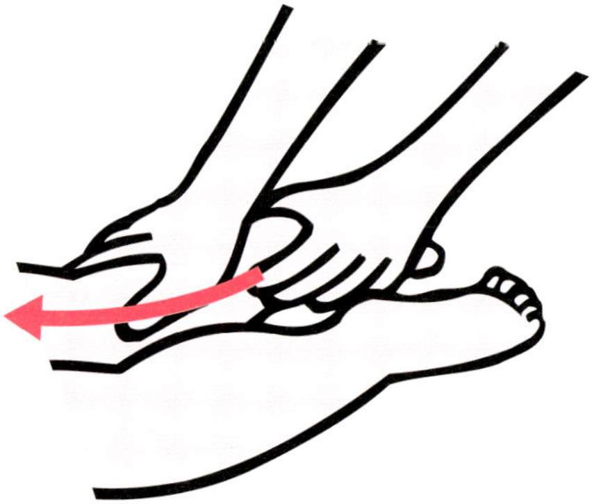

親指の腹で、脚の内側の経絡を流すように、足首から太ももへさすり上げます。

脚のリンパ

両手のひらを交互に使い、足首から鼠径リンパ節（股関節内側）に向かって、少し圧をかけながらさすり上げます。

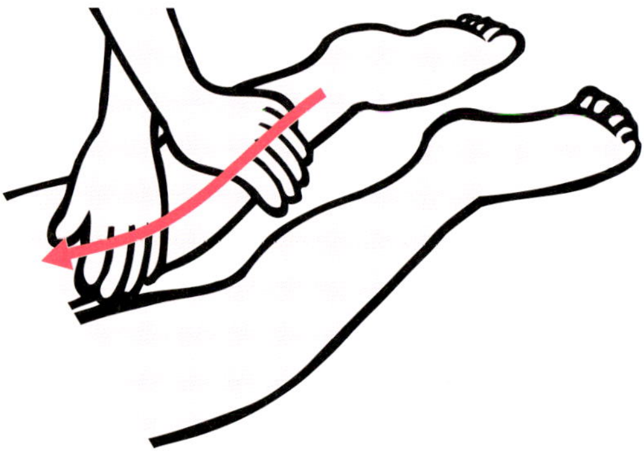

うつ伏せで
背中

ママの姿勢

ママはうつ伏せになった子どもの頭側に移ります。腰は少し浮かせます。

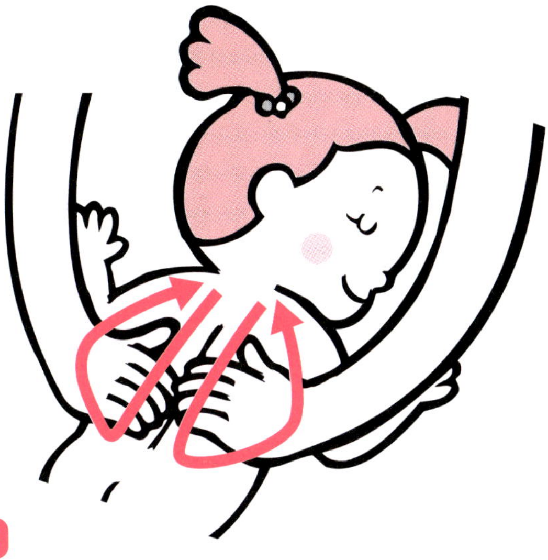

背中全体

両手のひらで背中に楕円を描くように、背中→腰→背中の側面→肩へと、まんべんなくさすります。

背骨横の経絡（けいらく）

両親指の腹で、背骨の横を、首から腰に向けて、少し圧をかけてさすります。

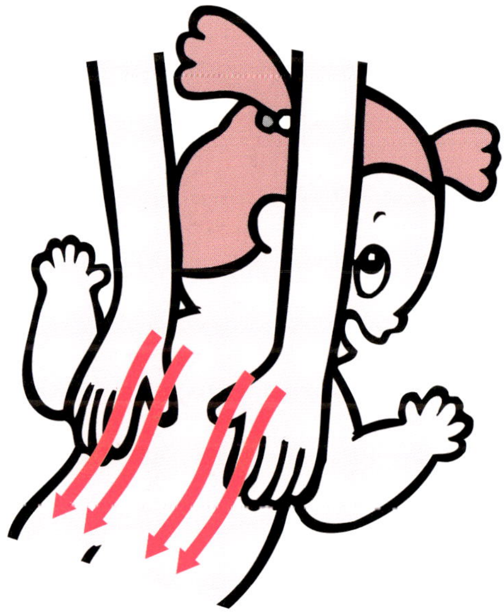

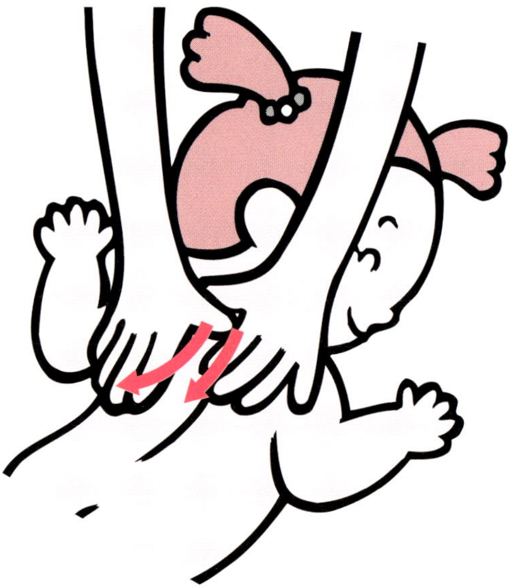

肩甲骨（けんこうこつ）の内側

肩甲骨（けんこうこつ）と背骨の間を、両親指の腹を交互に使い、すべらせるようにさすります。

うつ伏せで
背中～おしり

背骨の上の経絡

両手のひらを重ねて、背中から腰の方向へ、背骨の上をやさしくあたためるようにさすります。督脈(P28参照)を流します。絶対に押さないこと。

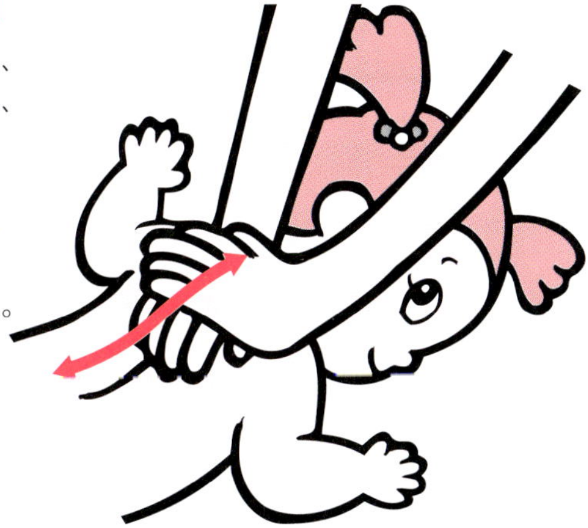

背中のリンパ

①両手のひらで、両脇腹の下のほうから腋窩リンパ節（脇の下）に向けて、少し強めにさすります。②両手を背骨の横にすべらせ、腰のリンパ節に向け、さすり下ろします。

②

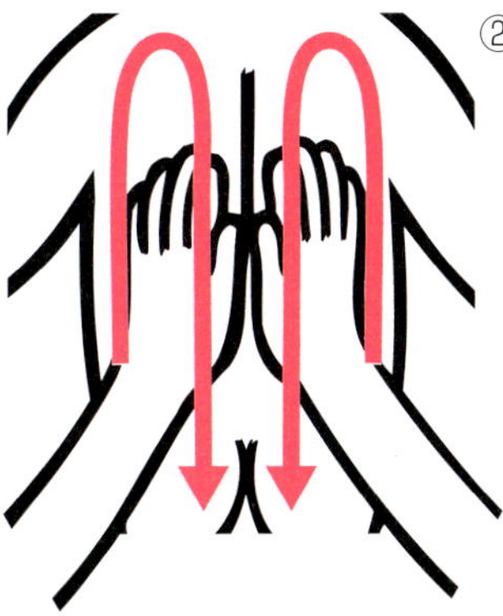

①

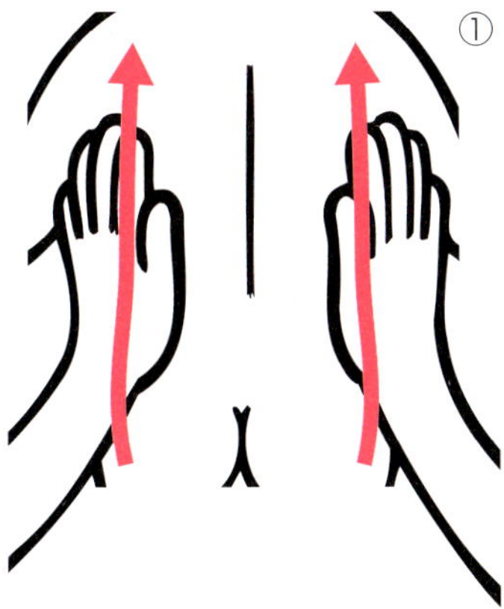

ママの姿勢

ママはうつ伏せになった子どもの足側に戻ります。腰は少し浮かせます。

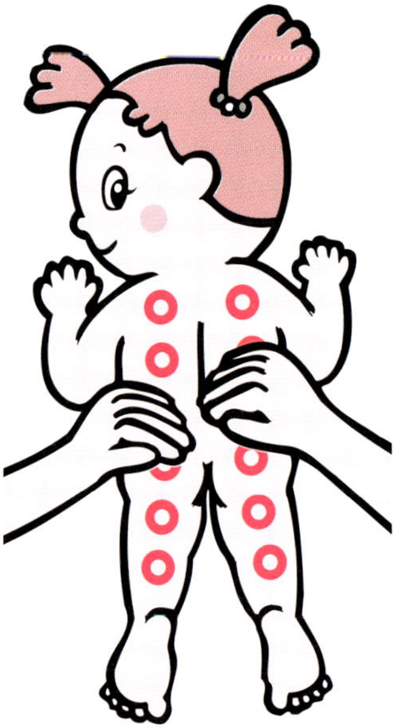

おしり

両手のひらで、おしりの内側から外側に、下向きに円を描くようにして、さすります。

背面全体をたたく

両手で山型をつくり、足先から背中まで、やさしくポコポコたたいていきます。

あお向けで
足～脚

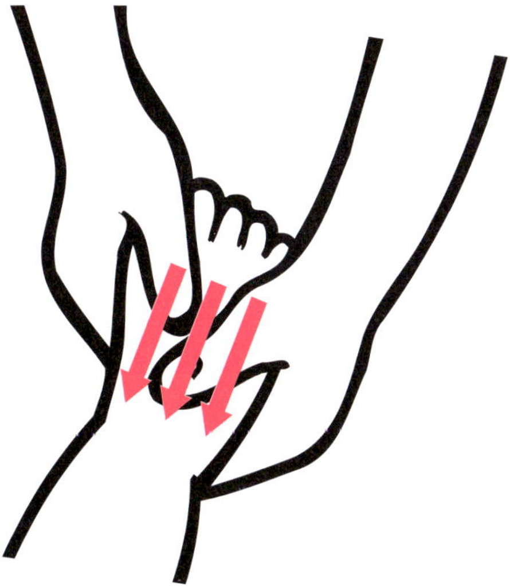

足の甲

親指の腹で、指の骨に沿って、甲全体を足首方向にさすります。

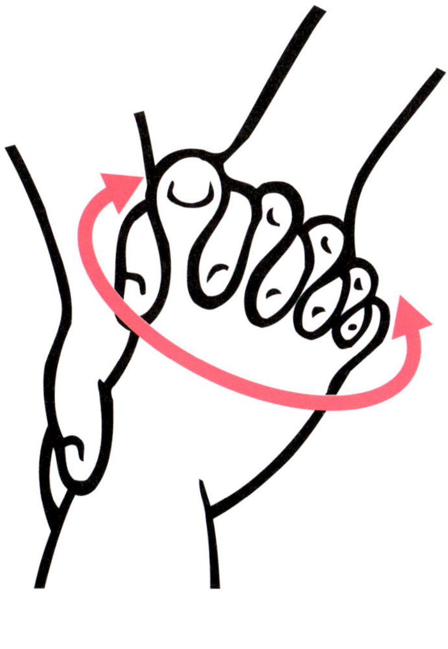

足の指

足の指の間にママの手の指をはさみ、足首を回すように動かします。ママの指が入らない場合は指を持って前後に揺すります（P63下図参照）。

脚の外側の経絡

親指の腹で、脚の外側の経絡（陽経）を流すように、足首から太ももへさすり上げます。

脚の表全体

両手のひらを重ねて、足首から太ももへ、少し圧をかけてさすります。ひざの上は圧をかけずに軽く。

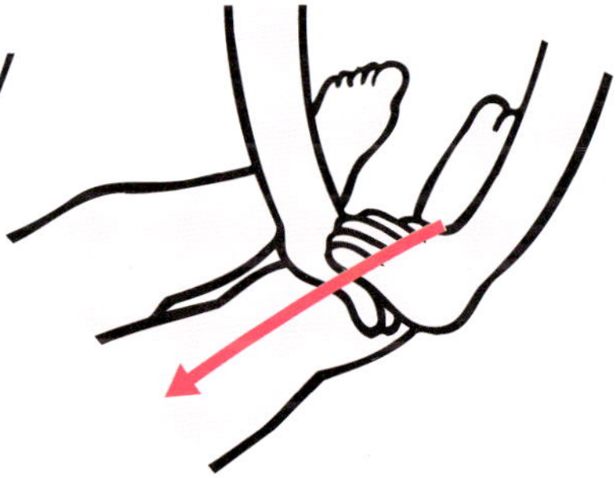

脚の内側の経絡

親指の腹で、脚の内側の経絡（陰経）を流すように、足首から太ももへさすり上げます。

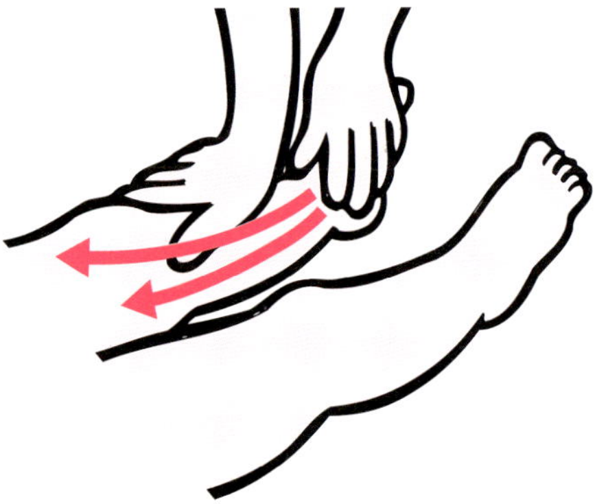

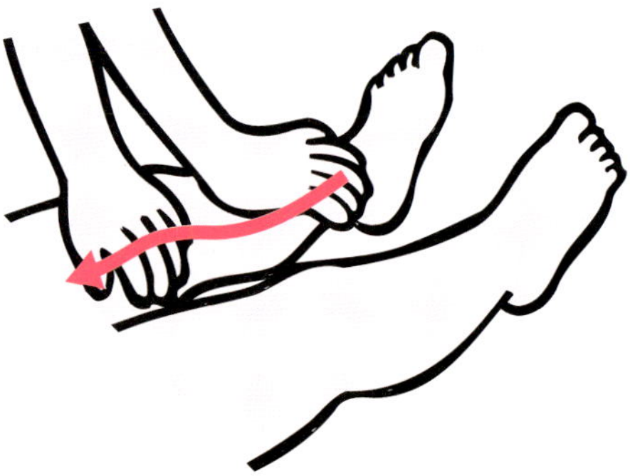

脚のリンパ

両手のひらを交互に使い、足首から鼠径リンパ節（股関節内側）に向かって、少し圧をかけてさすり上げます。

あお向けで
腕〜手

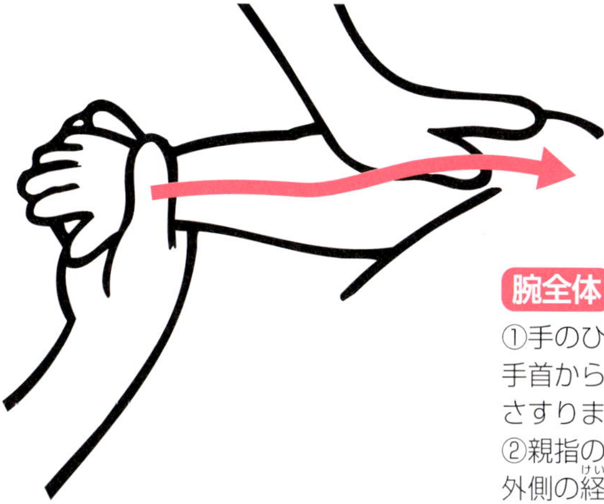

腕全体

①手のひらで、腕全体を、手首から腕の付け根までさすります。
②親指の腹で、腕の内側、外側の経絡（けいらく）を流すように、手首から腕の付け根までさすります。

腕のリンパ

手のひら全体で、手首から腋窩（えきか）リンパ節（脇の下）に向けて、少し圧をかけてさすり上げます。

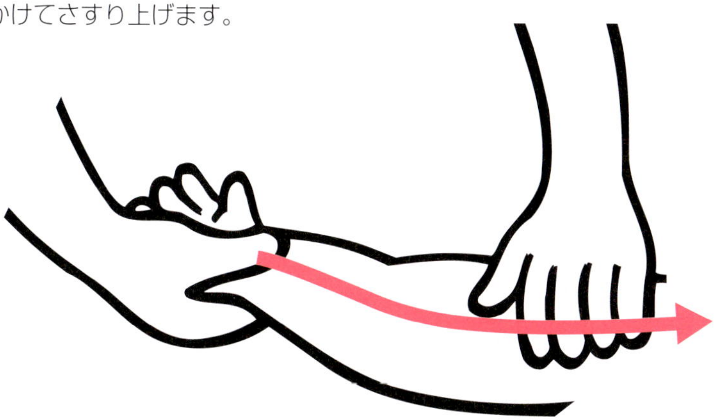

手の甲

親指の腹で、指の骨に沿って、甲全体を手首に向けてさすります。

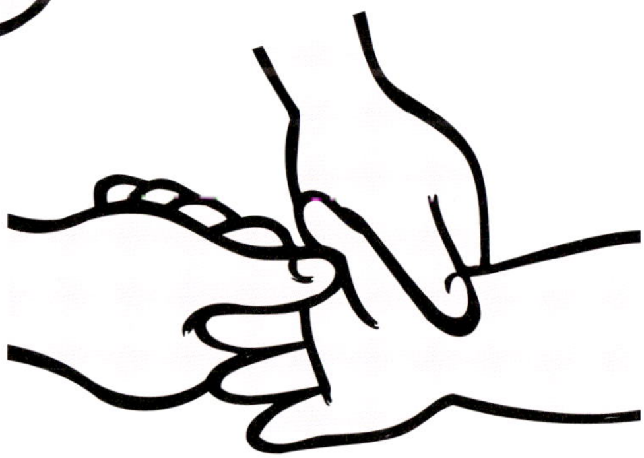

手の指

指を１本ずつ、全体を包むようにして握ります。

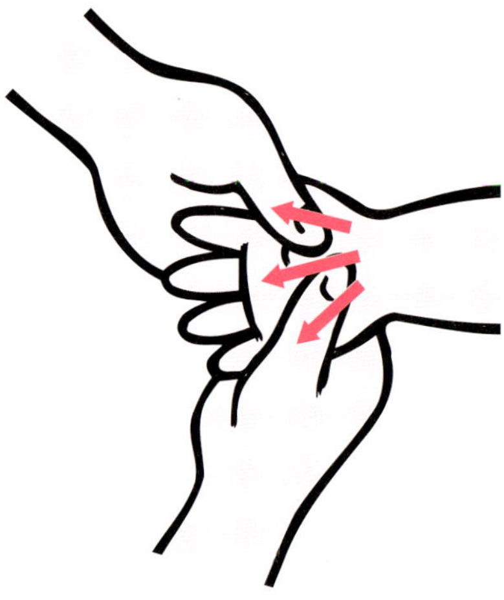

手のひら

両手で子どもの手を持ち、手のひらをまんべんなく、両親指ですべらせるように、手首から指に向けてさすります。

あお向けで
胸～おなか～首

胸～おなか

両手のひらで、胸のまん中から外側に向けてさすり、胸からおなか全体をマッサージします。

おなか

①両手のひらを交互に使い、胸からおなかのまん中（任脈（にんみゃく）＝P28参照）を、上から下にさすります。
②両手のひらを交互に使い、おへそを中心にしておなかに円を描くように、時計回りにさすります。

首

「四指軽擦法（ししけいさつほう）」で、首の付け根から肩に向けて、螺旋（らせん）を描きながらさすります。

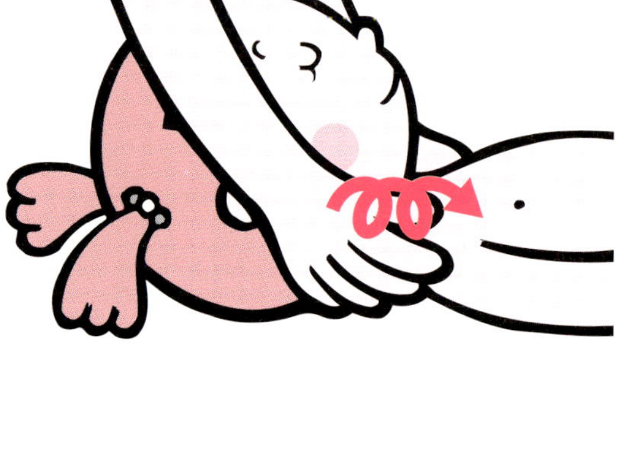

あお向けで
顔〜頭

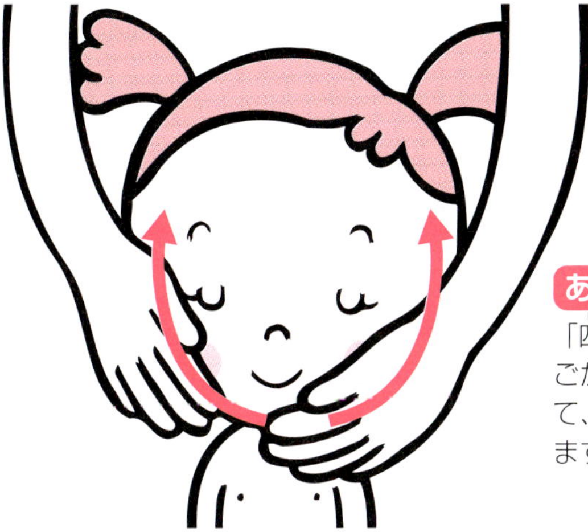

あご〜こめかみへ

「四指軽擦法（ししけいさつほう）」で、あごからこめかみに向けて、ゆっくりとさすります。

ひたいのまん中・口の横・鼻の横〜こめかみへ

「四指軽擦法（ししけいさつほう）」もしくは手の中指と薬指の腹で、矢印の方向にほほとひたいをさすり、顔の緊張をほぐします。

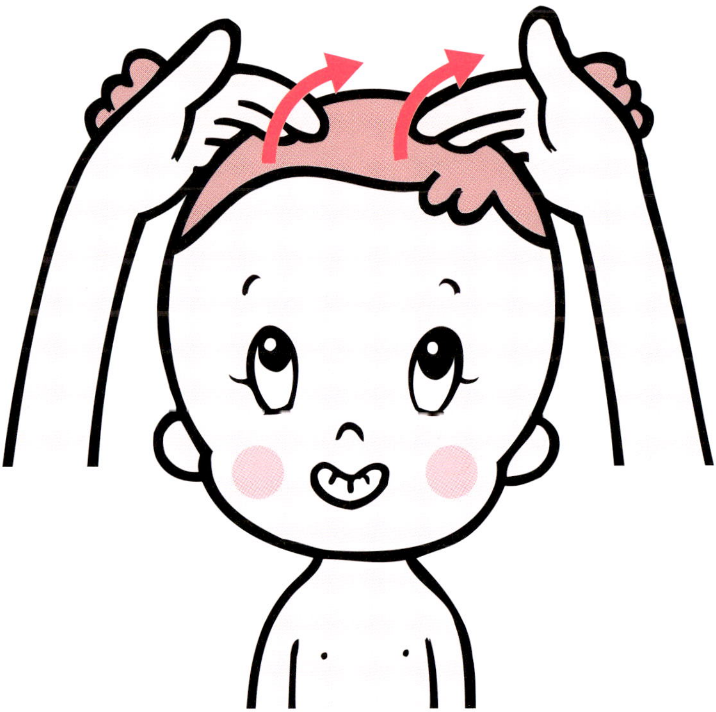

頭

両手の指の腹を頭の前から後ろに動かし、頭全体をまんべんなく軽くさすります。

マッサージの仕上げ

- マッサージが終わったらやさしく声をかけてタオルでくるみ、抱っこして背中をトントンしてあげましょう。
- オイルはそのまま肌になじみますが、ベタベタして気になるときは、あたたかいタオルで拭き取ってあげるか、お風呂で洗ってあげましょう。
- 終わった後は、必ず十分に水分を補給しましょう。母乳やミルク、ジュースよりも、常温または体温くらいのミネラルウォーターがおすすめ。
- 気持ちよくて子どもが眠ってしまったときは、そのまま寝かせてあげましょう。風邪をひかせないように気をつけて。
- マッサージの途中で子どもがいやがったり、調子がよくなかったら、全部終わっていなくても、無理をしないで、その日は中止しましょう。

第5章

体の弱点を克服するマッサージ

簡単なツボ刺激で健（すこ）やかな成長の手助けができます

体のひずみを改善するツボの話

東洋医学の治療法には、根本的に全身の体質を改善する「本治法」と、部分的に弱いところを改善する「標治法」とがあります。第4章で紹介した全身マッサージは、根本的な体質改善、いわゆる「本治法」にあたりますが、弱いところや体にひずみがある場合は、さらに症状を治す「標治法」としてのマッサージを加えてあげるといいでしょう。

経絡の話（P26）で触れましたが、ツボ（経穴）は経絡上にあり、外界に通じる出入口になっていて、経絡の流れがとどこおって体にひずみが生じると、ツボに反応があらわれます。つまり、そのツボの反応を緩和させれば、症状やひずみがとれていくわけです。たとえば、かんの虫が強くてよく泣く子は、「肝」に関係するツボを処方するとおさまったりします。

また、便秘が続くと太りやすく、胃腸障害も起こって虚弱体質になったり、成長を妨げる原因にも。「なぜ、この子は弱いのかしら？」と思っていると、便秘が原因ということもあります。こんなふうに体はつながっているので、症状を早く見つけて処方してあげましょう。ただ、ベビーはツボが未発達なので、経絡のゾーンで対処してください。

ツボの押し方

母指圧迫法

親指で、ツボを垂直にゆっくり押し、ゆっくり戻します。少し力を加えたいときなどは、親指を重ねてツボを押す「両母指圧迫法」(イラスト右）を行います。

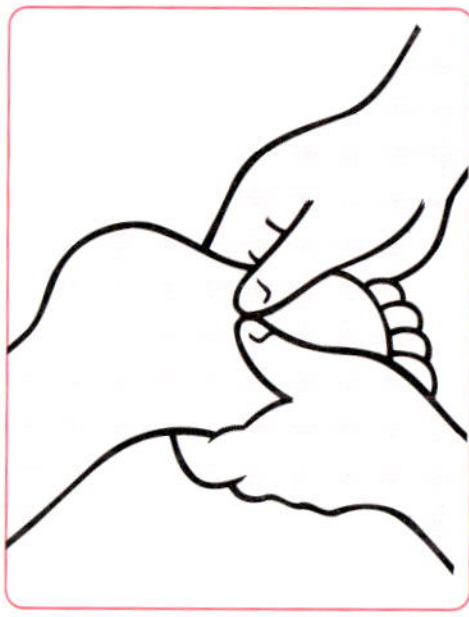

万能ツボ 中脘

「脘」は胃の腑のこと。「陰経」を調整する任脈（P28参照）上にある重要なツボです。消化器系全体の調子を調えます。

万能ツボ 身柱

体の柱である背骨の上、「陽経」を調整する督脈（P28参照）上にある重要なツボです。特にかんの虫に効果があります。

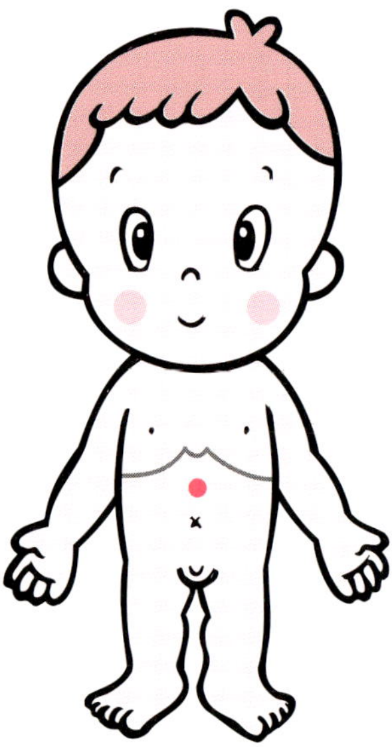

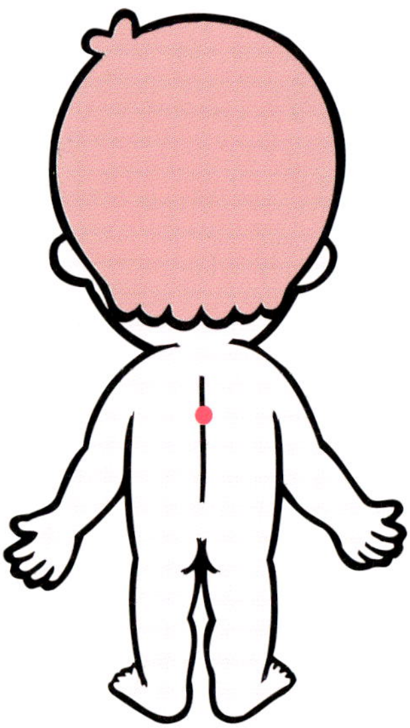

「万能ツボ」とは、特に体の不調がなくても、病気を予防し、子どもを安定させてくれるツボです。

夜泣きをする

他に、怒りっぽい、イライラする、かんの虫が強い、などのときに

そう長くは続かないと思っても、毎日赤ちゃんが夜泣きをしたら、ママも疲れてしまいますね。かんの虫が強かったり、夜泣きをする子は、東洋医学では「肝が実する」（P38参照）と考えて、肝の経絡の流れを調整するようにします。

イライラしたり、怒りっぽいときも、同じ肝兪のツボの刺激で和らぎます。

肝兪のツボ

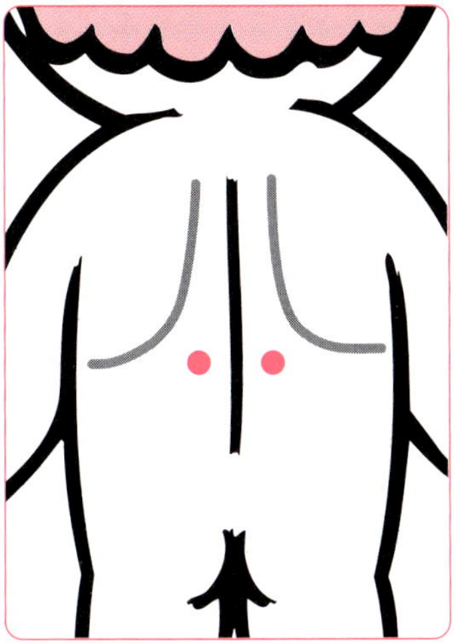

肩甲骨の下あたりで、背骨の左右外側、指2本分のところにあります。肝の気を取り入れ、気持ちを落ち着かせます。

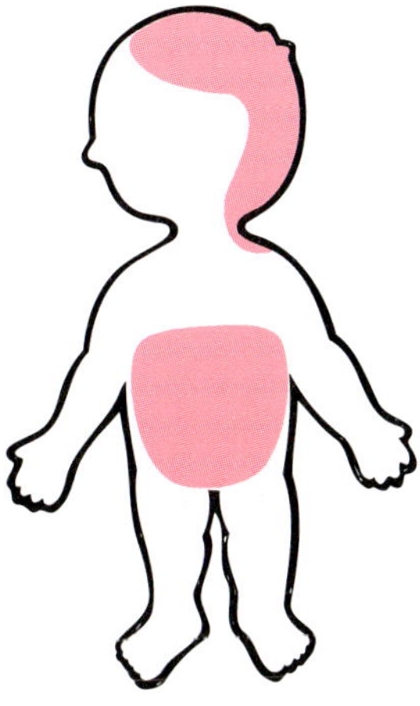

「夜泣き」のゾーンをさする

後頭部～うなじ、胸～おなか～下腹部のあたりを、軽くさすってあげたり、温めてあげます。

人見知りしやすい

他に、寝つきが悪い、メソメソしやすい、表情が乏しい、などのときに

人見知りが激しかったり、緊張して泣いてしまう子どもは、心を調整し、リラックスさせてあげる必要があります。

精神の中枢（ちゅうすう）にあるのは「心（しん）」。「心」が弱ると、すぐ泣いたり、ドキドキ動悸（どうき）がしたり、眠れなくなったりするのです。「心」を守る心包経（しんぽうけい）の流れをよくするツボを刺激します。

郄門（げきもん）のツボ

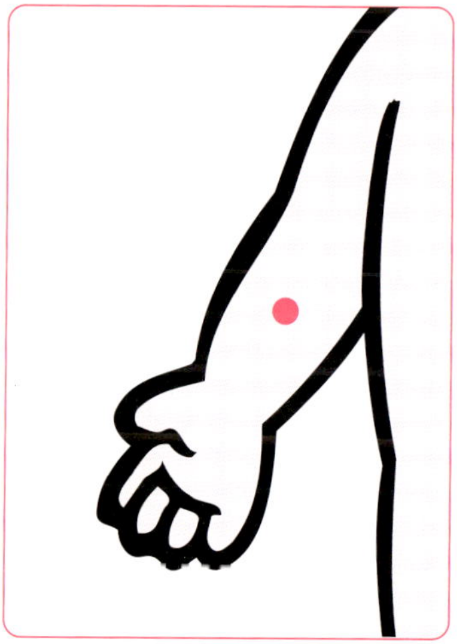

腕の内側の中央ライン上で、ひじと手首の真ん中あたり。経脈（けいみゃく）の気血（きけつ）が集まる重要なツボで、心身のコリをほぐします。

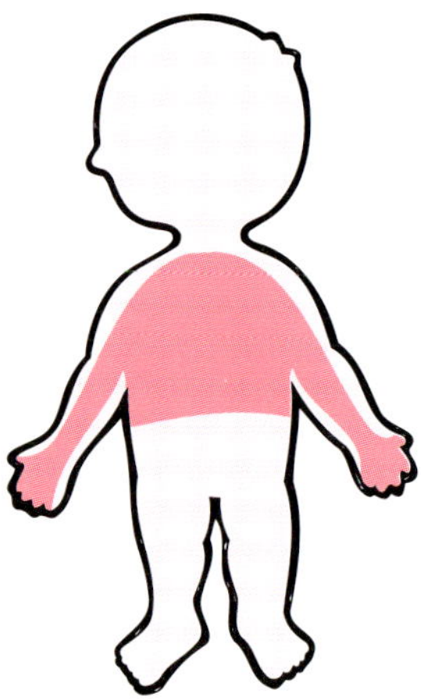

「人見知り」のゾーンをさする

手のひら～腕、胸のあたりを、軽くさすってあげたり、温めてあげます。

食欲がない

他に、消化不良、おしっこの回数が少ない、口・唇があれる、だるさ、などのときに

食が細い子は体も育たないように思えて、ママも心配でしょう。食べ物の栄養素を体全体に運ぶのは「脾」。「脾」は消化や吸収をつかさどり、機能が充実すれば食欲も出て体はしっかり育ちます。

また「脾」は津液（体液）をつくり、運んでいるので、とどこおるとむくみが出て、おしっこの回数が少ないなどの症状もあらわれます。

脾兪のツボ

肝兪（P82参照）より指2本分下にあります。胃の痛みや食欲不振、むくみなどを緩和します。

中脘のツボ

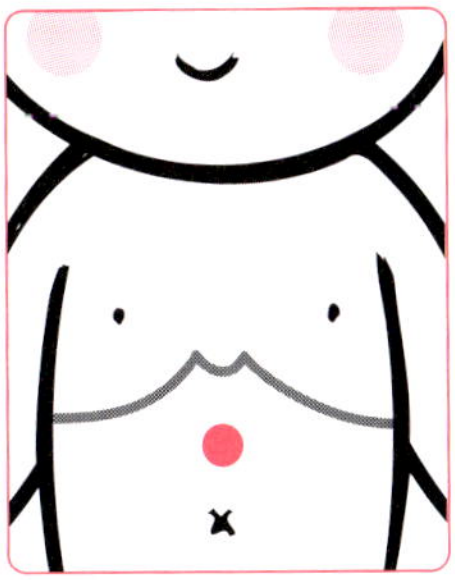

みぞおちとおへその中央にあります（P81参照）。胃腸の働きを活性化して、食欲を進ませます。

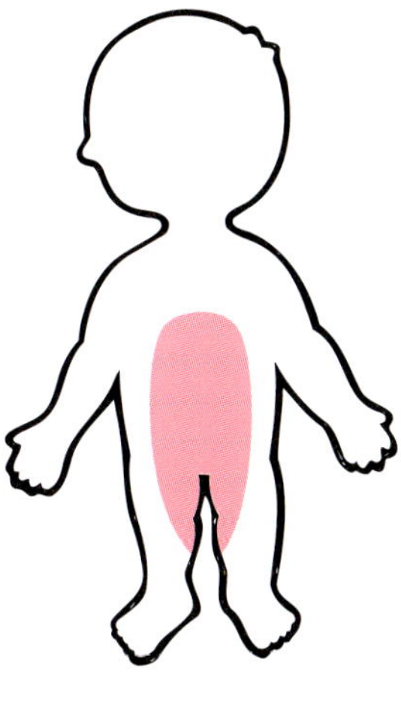

「食欲」のゾーンをさする

おなか（胃～腸～膀胱）～太もものあたりを、軽くさすってあげたり、温めてあげます。

風邪をひきやすい

他に、抵抗力がない、疲れやすい、せき、鼻水の症状、皮膚が弱い、かゆい、などのときに

風邪は呼吸器系の病気ですが、東洋医学で呼吸をつかさどるのは「肺」。「肺」に病変があると、せきが出たり、鼻づまりを起こしたり、体力がなくなって疲れやすくなります。

また皮膚の働きを調節するのも「肺」の役目。乾布摩擦をして皮膚が丈夫になると風邪をひきにくくなるのは、そのためと考えられます。

大椎のツボ

背中の首の付け根にある突起の下にあります。風邪から体を守るための陽気を取り入れるツボです。

風門のツボ

大椎より2つめの突起の下から、左右外側指2本分のところにあります。「風邪」の侵入を防ぎます。

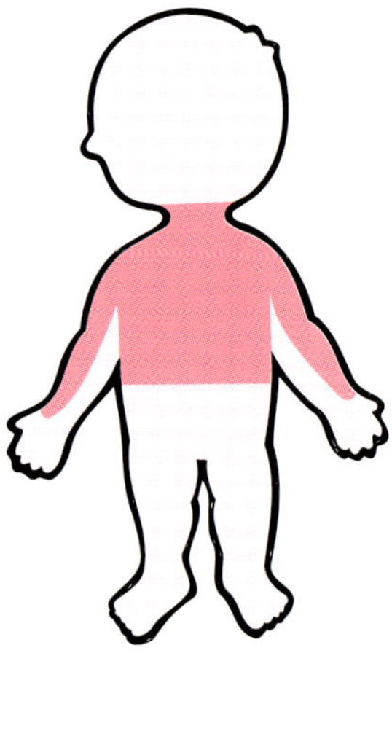

「風邪」のゾーンをさする

腕～肩、首、のど、胸、うなじ～背中のあたりを、軽くさすってあげたり、温めてあげます。

虚弱体質

他に、疲れやすい、発育が遅い、代謝が悪い、冷え、汗をかきにくい、無気力、などのときに

ひ弱で体力がなく、すぐヘナヘナとなってしまう子には、肝兪、脾兪、身柱、腎兪のツボの刺激をお勧めします。心身のエネルギー不足は、東洋医学では「腎が虚している」（P38参照）と考え、「腎経」の流れが充実することで、内臓を強くして元気にします。また「腎」が弱いと、骨の歪みが生じたり、発育が遅くなることもあるので注意します。

肝兪・脾兪のツボ

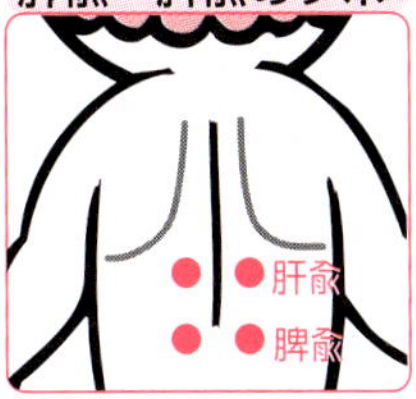

肝兪は、肝の気を取り入れ、気持ちを落ち着かせます。脾兪は、胃の痛みや食欲不振、むくみなどを緩和します。（P82、P84参照）

身柱のツボ

万能のツボです。特に子どものストレス緩和に効果があります。（P81参照）

腎兪のツボ

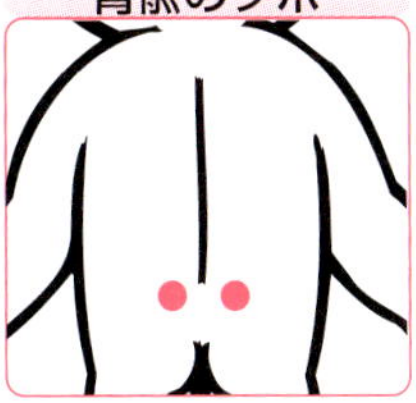

おへその裏あたりで、背骨から左右外側指2本分のところ。腎を強め、体力を増強します。

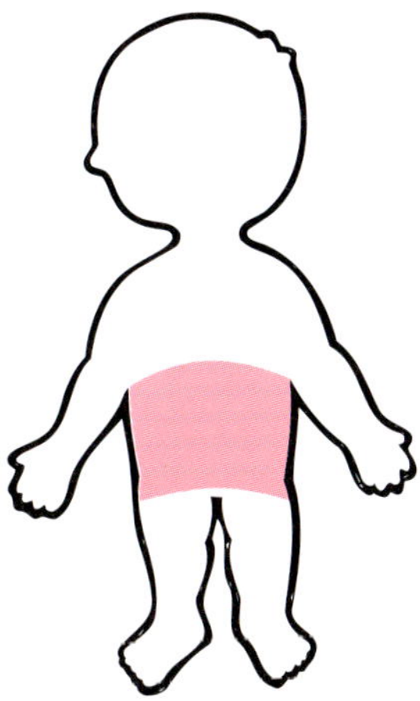

「虚弱体質」のゾーンをさする

おなか〜腰あたりまでの範囲を、軽くさすってあげたり、温めてあげます。

おねしょをする

他に、おしっこが近い、下腹部・下半身の冷え、根気がない、オドオドしている、などのときに

西洋医学でも、小学校に入るまでのおねしょは病気とは考えません。でも毎晩続くようだと、子どもにもママにもストレスになってしまいます。東洋医学では「膀胱」は「腎」と関連していて、「腎が虚している」（P38参照）と膀胱の働きも悪くなり、おねしょをすると考えます。「腎」の働きを促すツボを刺激したり、精神を安定させることも大事です。

長強のツボ

尾骨の下のくぼんだところ。督脈（P28参照）上にあり、腎経と膀胱経が交わるツボで、泌尿器系の病気によく用いられます。

湧泉のツボ

足指全体を曲げたとき、足裏にできるくぼみのところ。「腎経」のツボで、エネルギーを湧かせると同時に、泌尿器系の症状の治療にも。

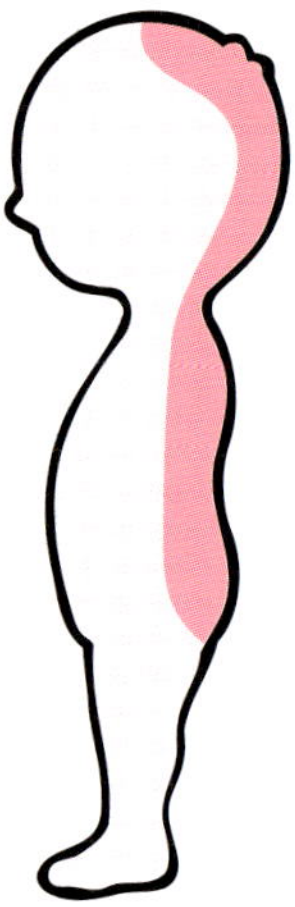

「おねしょ」のゾーンをさする

後頭部〜うなじ〜背中〜腰のあたりを、軽くさすってあげたり、温めてあげます。

便秘がち

他に、下痢、食欲不振、湿疹、などのときに

2、3日便が出なくても、それがその子のリズムで、体調がよければ、あまり心配することはありません。でも便秘でおなかが痛くなったり、便が出にくくなるのはつらいもの。「大腸」の機能をよくしてあげましょう。また「大腸」は「肺」とも関係していて、風邪などで「肺」に病変が起こると、下痢や、肌にブツブツが出たりします。

天枢のツボ

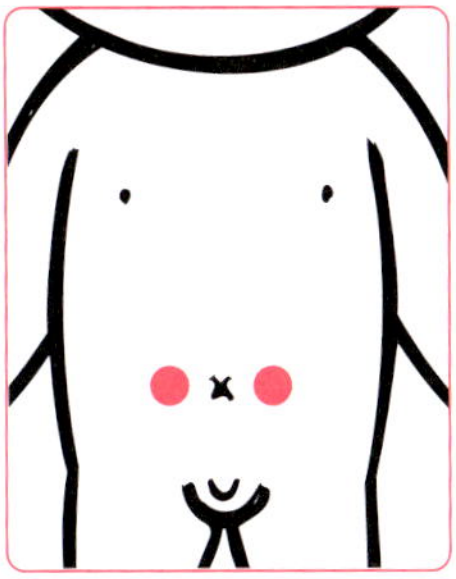

おへその横、左右指3本分のところ。「胃経」に属し、便秘を解消します。胃腸の調子を整えるのにも欠かせません。

大腸兪のツボ

腎兪（P86参照）より指2本分下あたり。大腸に気血を取り入れるツボで、便秘や下痢に効果があります。

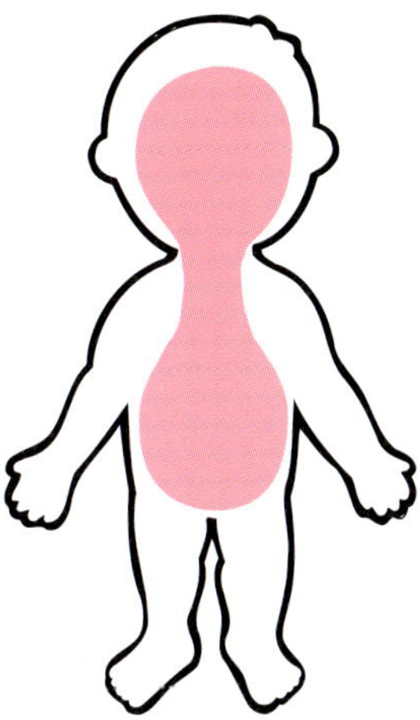

「便秘」のゾーンをさする

顔の前面～のど～胸～おなか～下腹部のあたりを、軽くさすってあげたり、温めてあげます。

肩がこる

他に、おなかがゴロゴロなる、おなかが痛い、ストレス、などのときに

内臓の弱い子どもは、肩こりになりやすいといわれます。便秘ぎみだったり、すぐにおなかをくだしてしまう子どもは、消化器系の働きを改善してあげるとよいでしょう。「陽経（ようけい）」（P32参照）の経絡（けいらく）上にある〝肩〟がつくツボを押したりマッサージしたりすることで、肩こりに効果を発揮します。

肩中兪（けんちゅうゆ）のツボ

大椎（だいつい）のツボ（P85参照）から左右に指2本のあたり。肩背部の痛みを緩和します。視力低下、せきにも効果があります。

肩井（けんせい）のツボ

肩の中央にあるツボで、「井（せい）」は井戸のように落ちくぼんでいることを意味しています。首のこりや肩背部のこり・しびれを緩和します。

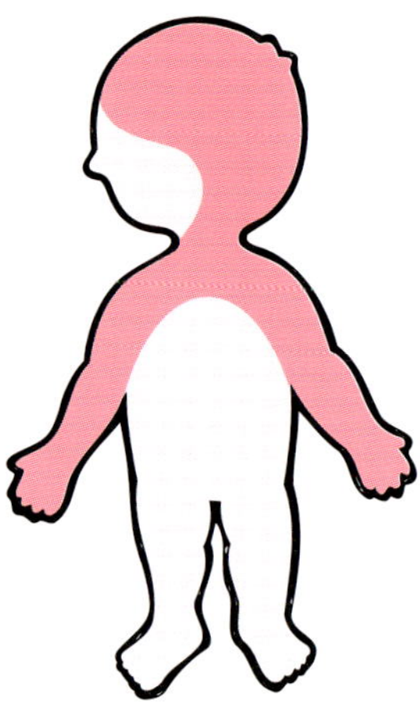

「肩こり」のゾーンをさする

後頭部・側頭部〜肩〜背部、指〜腕のあたりを、軽くさすってあげたり、温めてあげます。

目の疲れ

他に、ぐずぐずする、優柔不断、頭痛、などのときに

最近は、テレビやテレビゲームに夢中で、目が疲れている子どもが意外と多くいます。

五行説（P33の表参照）では「肝の状態は目にあらわれる」といわれますが、「肝」と「胆」は表裏関係にあり、目の症状は「胆」とも関係しています。目の疲れには「攅竹」、さらに「太陽」が、気血の流れをよくする目の特効ツボです。

攅竹のツボ

「攅」は集合、「竹」は眉毛の形容。眉の内側の端で、少しくぼんだところです。頭痛、目の充血や眼精疲労に効果があります。

太陽のツボ

眉の外端と目じりとを結んだ線の中央から指1本外側のあたり。目の充血、腫れ、痛み、まぶたの引きつれ、片頭痛に効果があります。

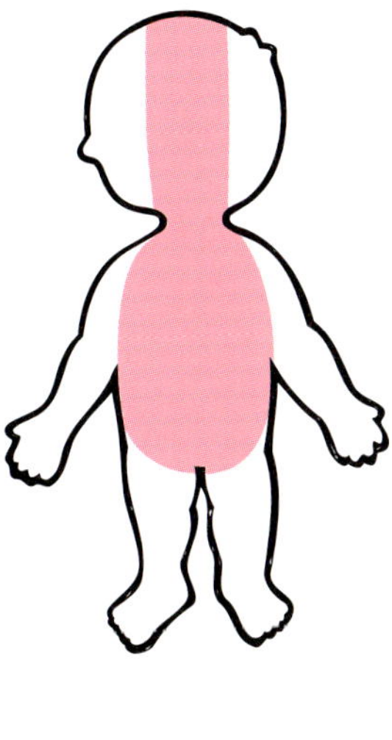

「目の疲れ」のゾーンをさする

頭の側面～のど、胸～おなか～鼠径部（太ももの付け根）のあたりまでを、軽くさすってあげたり、温めてあげます。

第6章

才能を伸ばすマッサージ

子どもの能力を高め、素質を大きく育ててあげることもできます

マッサージに将来の夢を託す！

「将来、出世するマッサージってないのかしら」――。ベビーマッサージに来るパパやママたちは身近な目標が欲しいのか、「マッサージで、こんなことができたらいいな」と望む人たちが本当に多くいます。たとえば頭のいい子に、美人に、足が長い子に……と。

「そんなのムリよ」といいたいところですが、実はあながち不可能ともいえません。マッサージは、弱いところを強化して〝0〟にもっていくばかりでなく、〝0〟をプラスにもっていってくれる、さらに全体をベースアップする、そうしたことも可能だからです。

もちろん、もともと持っている運がありますから、届かない夢もありますが、近づくことはできます。たとえば、「スタイルがいい➡体のバランスを整える」「キレイ➡肌の色つやをよくする」「頭がいい➡記憶力を高める」などと、弱いところを強化する処方をマッサージに加えることで、素質を高めることができるのです。

キッズの「たっぷりマッサージ」（第4章P59〜78）を行ったうえで、それぞれ望むところのマッサージを加えて、今日から、将来に向けての準備をしていきましょう。

元気な強い体をつくるマッサージ

■免疫力が高い、バイタリティ、スタミナのある子にしたい！

「腎」を鍛えることで、強靭な体にしていきます

●キーワード◆免疫力が高く、強い体をつくる。風邪をひきにくい、大きな病気をしない体。健康な体に、健康な精神が宿る。

●経絡◆督脈、任脈、腎経　●マッサージ◆背中、おなか

背中

両手のひらを交互に使い、背骨の上を、背中の上方から腰までさすり下ろし、督脈（P28参照）の流れを促します。

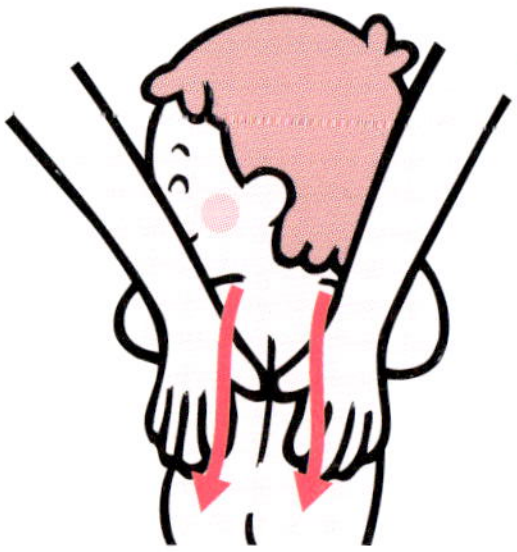

背中〜腰

パパやママは子どもの頭側に座り、両手を背中に置き、背骨の両脇を腰まで、手のひら全体でさすります。

胸〜おなか

パパやママは両手を交互に使い、胸からおなかへさすっていきます。

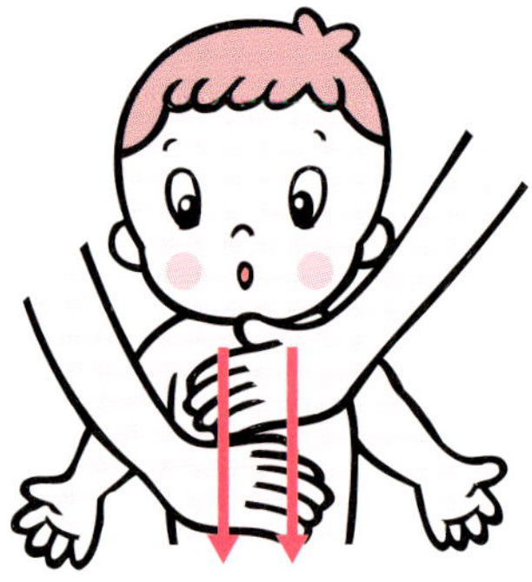

スタイルをよくするマッサージ

■スラッとした、スタイルのいいモデル系にしたい！

骨格を育て、姿勢を矯正して、スタイルよくします

●キーワード◆手足がスラッと長い。小顔で、全身のバランス、プロポーションがよい。体のひずみが小さく、O脚、X脚のないキレイな脚。筋肉がしまっている。

●経絡(けいらく)◆肝経(かんけい)、脾経(ひけい)、腎経(じんけい)、膀胱経(ぼうこうけい)

●マッサージ◆脚の側面、背中、おなか

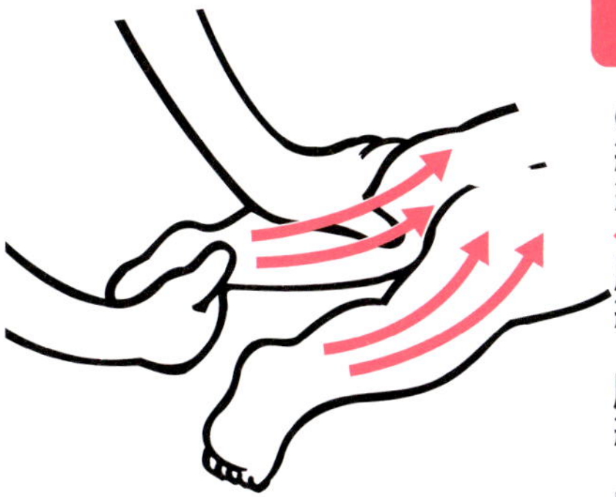

脚の側面

片手で子どもの足首を軽く握り、親指の腹を使って、まず外側の経絡(けいらく)を流すように、太ももまでさすり上げ、次に内側の経絡を流します。

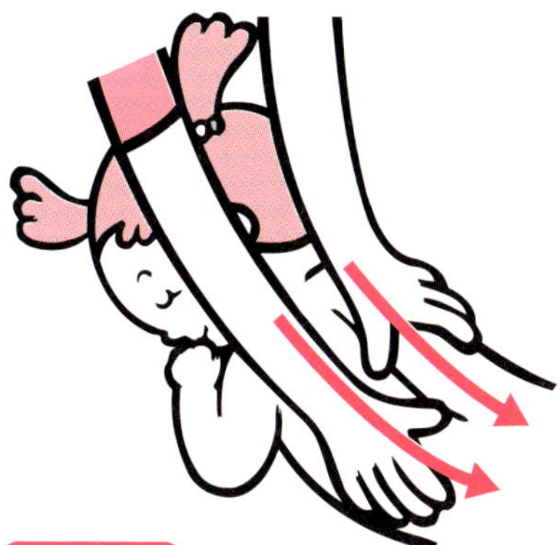

背中〜腰

子どもの頭側に座り、両手のひらで交互に背中をさすり、さらに両親指の腹で、背骨の両脇を、背中から腰までさすります。

脚

子どもをあお向けに寝かせ、足側に座って、親指の腹で、脚の内側の経絡（けいらく）を、手のひらではリンパを流すようにして、足首から股関節までさすり上げます。

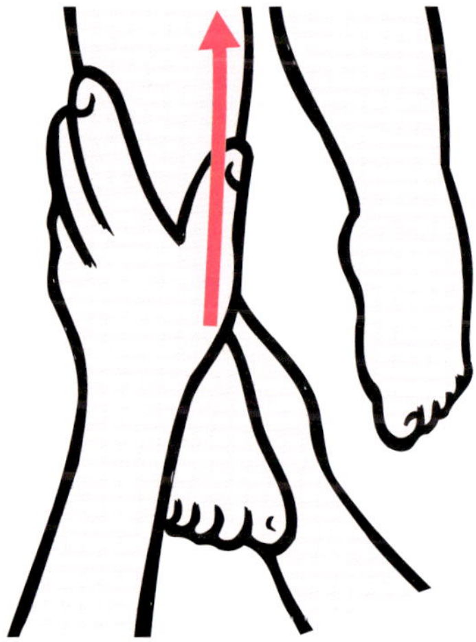

胸〜おなか

①両手のひらで任脈（にんみゃく）(P28参照)の両側を、胸からおなかへさすっていきます。
②おへそを中心に、時計回りに円を描くようにおなかをさすります。

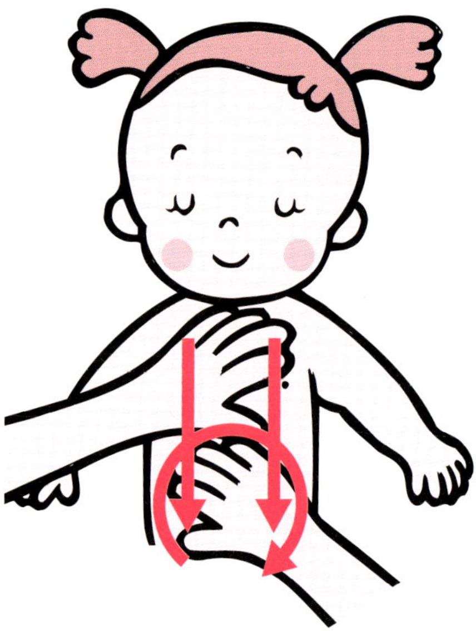

キレイにするマッサージ

■肌がキレイで、小顔美人、ビジュアル系にしたい！

肌の色つやがよくなり、表情もイキイキしてきます

●キーワード◆血色がよく、肌がキレイ。アトピーなど免疫疾患がない。代謝がよく、汗腺も発達してる。内臓の調子がよい。小顔。

●経絡◆肺経、大腸経、膀胱経　●マッサージ◆顔、腕、背中

顔

中指と薬指の腹を使い、ほほを、口の両脇→こめかみ、小鼻の両脇→こめかみ、ひたいを、中心→こめかみ、生え際を、中心→こめかみへ。

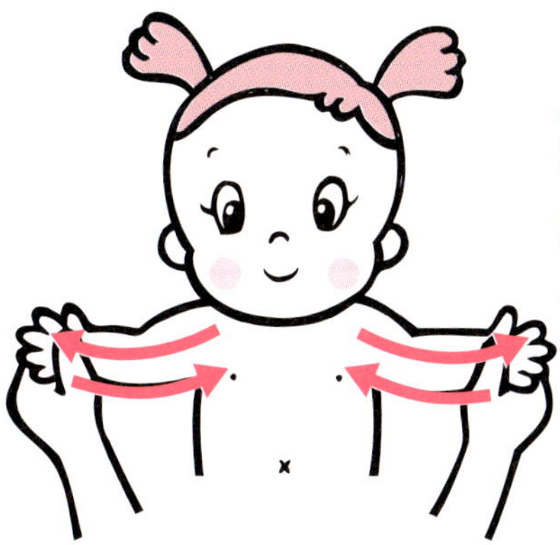

腕〜手

①両腕の付け根を軽く握り、そのまま手首までさすります。②親指で、両手のひらを軽く押します。そして脇の下のリンパ節までさすります。

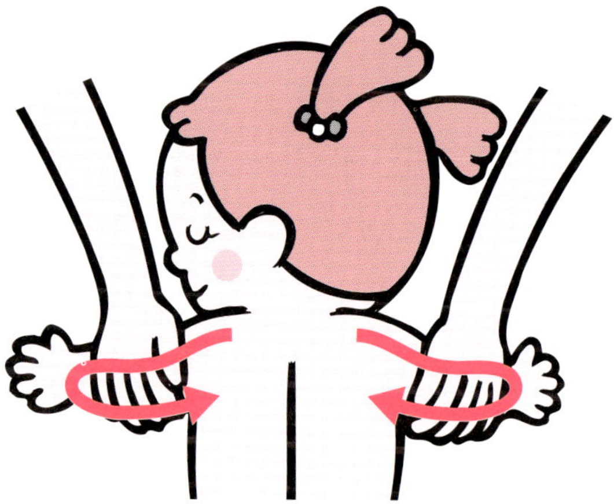

腕の背面

うつ伏せになった子どもの両腕の付け根～手首～脇の下のリンパ節までさすります。

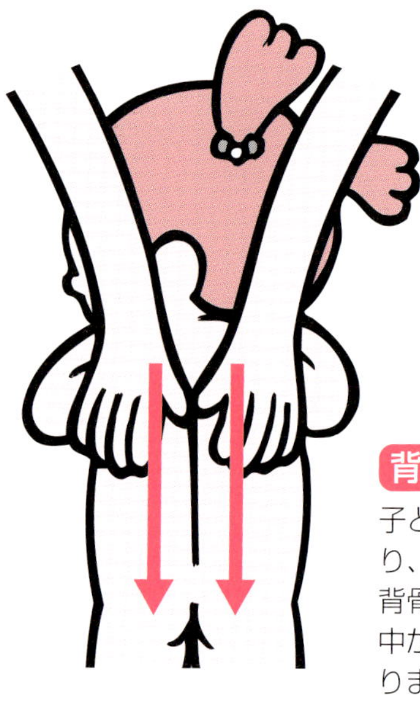

背中～腰

子どもの頭側に座り、両手のひらで、背骨の両脇を、背中から腰までさすります。

頭をよくするマッサージ

■頭脳明晰で、発想力のある研究者にしたい！

筋道を立てて考える力が身につきます

●キーワード◆記憶力が高い。論理的思考。集中力、決断力がある。

●経絡◆心経、心包経、胆経、腎経　●マッサージ◆頭、手足を中心に

頭〜腰

頭に両手を置き、手のひらで、顔の両横〜体の両脇を、腰までさすります。

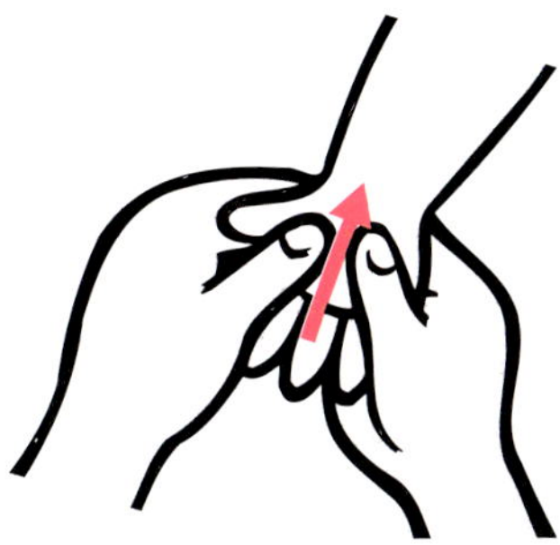

手のひら

両手で子どもの手を持ち、親指の腹で、手のひらを指から手首のほうへ、やさしくさすります。

②

①

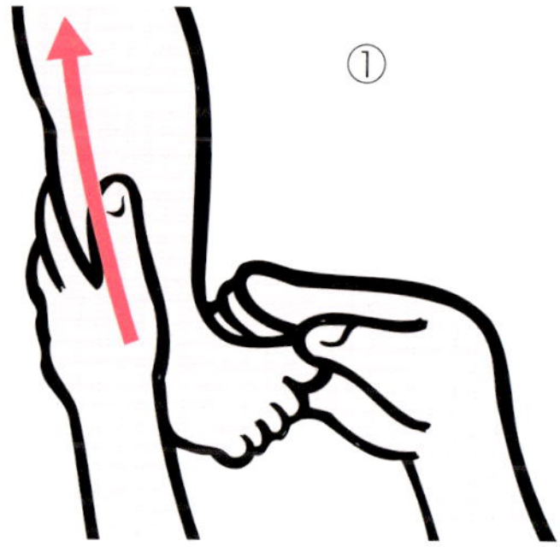

脚と足指

①片方の手で足を軽く支え、脚の外側の経絡を流すように、足首から脚の付け根まで、親指の腹でさすり上げます。
②パパやママの親指と人差し指で、子どもの足の指を１本ずつはさみ、軽く力を入れます。

足裏～脚の側面

①エネルギーを湧かせる「湧泉」のツボ（P87参照）を、親指で押します。
②親指の腹と手のひらで、交互に脚の内側と外側の経絡とリンパを流すように、足首から太ももまでさすります。

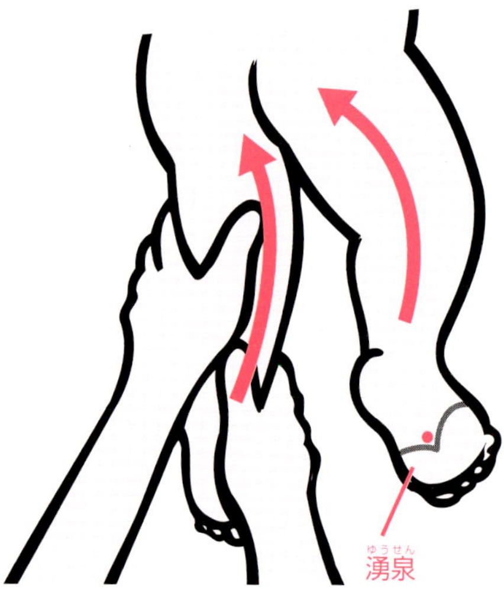

運動神経をよくするマッサージ

■世界の舞台で活躍する、一流のスポーツ選手にしたい！

心肺機能を高め、筋肉を柔軟にし、スポーツ向きに

●キーワード◆運動能力にすぐれる。筋肉がいい。瞬発力がある。感覚で判断する。足腰が強い。ストレスに強い。

●経絡◆膀胱経、胆経、肝経、腎経

●マッサージ◆脚、腰

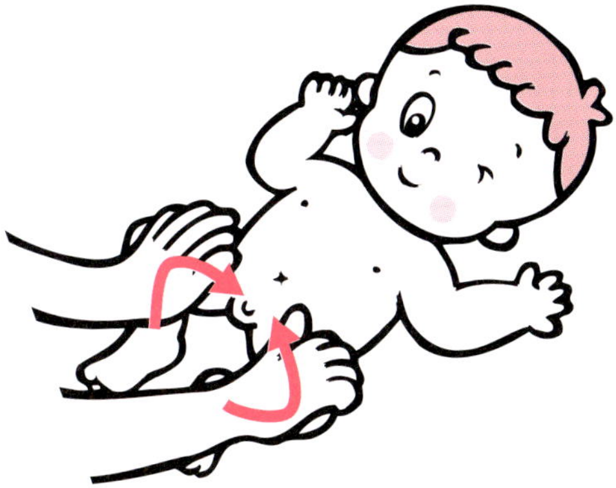

脚

足首に手を置き、親指の腹と手のひらを使って、足の内側の経絡とリンパを流すように、股関節までやさしくさすり上げます。

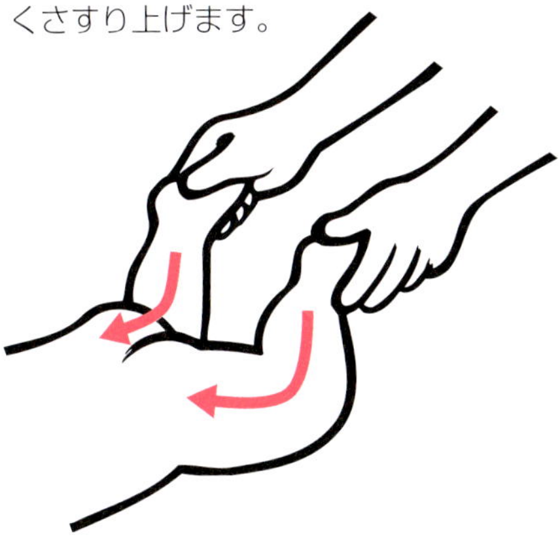

足裏〜脚の側面

①エネルギーを湧かせる「湧泉」のツボ（P87参照）を、親指で押します。

②親指の腹で、まず脚の外側の経絡を流すように足首から太ももまでさすり、次に内側の経絡を流します。

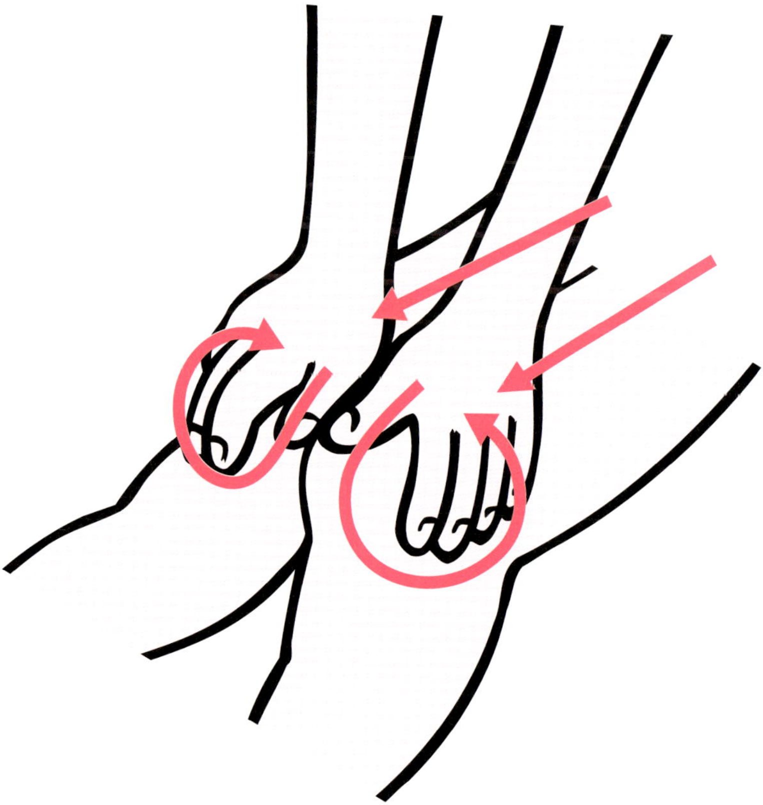

背中〜腰〜おしり

①子どもの頭側に座り、両手のひらで、背骨の両脇を、背中から腰までさすります。
②おしりを、内側から外側へ、円を描くようにさすります。

出世するマッサージ

■世の中に貢献する大物にしたい！

「胆」「肝」「腎」を鍛えることで、エネルギーが満ちてきます

●キーワード◆肝が据わる。人をひきつける魅力がある。言葉が豊富。頭の回転が早い。

●経絡◆腎経、肝経、胆経

●マッサージ◆頭、脚

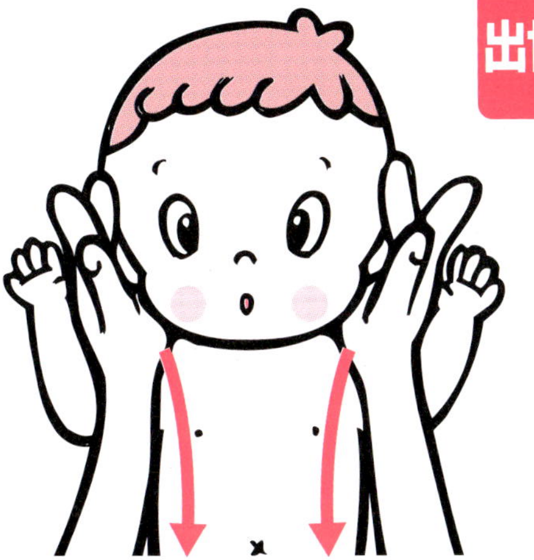

顔〜全身

両手のひらを子どものほほに置き、胸〜おなか、おへその両脇を通って、太ももまでさすり下ろします。

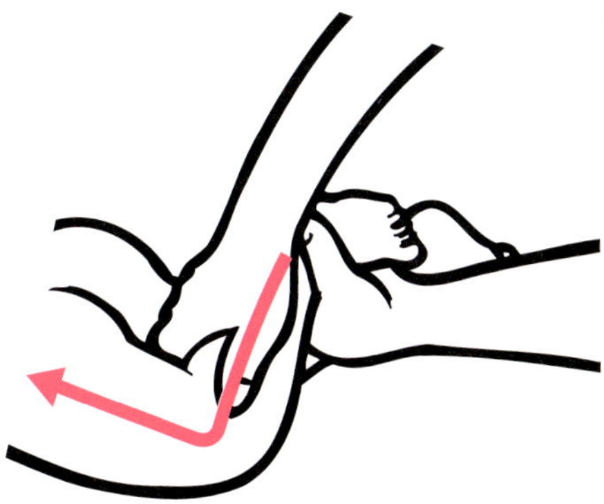

脚の側面

親指の腹で、脚の内側と外側の経絡を流すように、足首から太ももまでさすります。

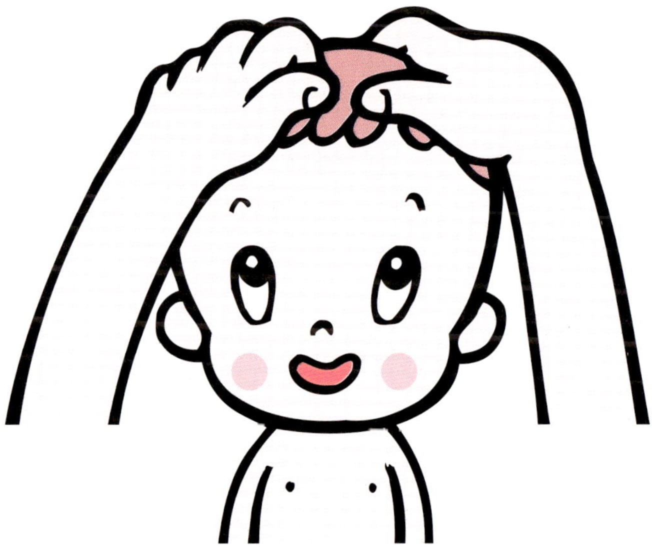

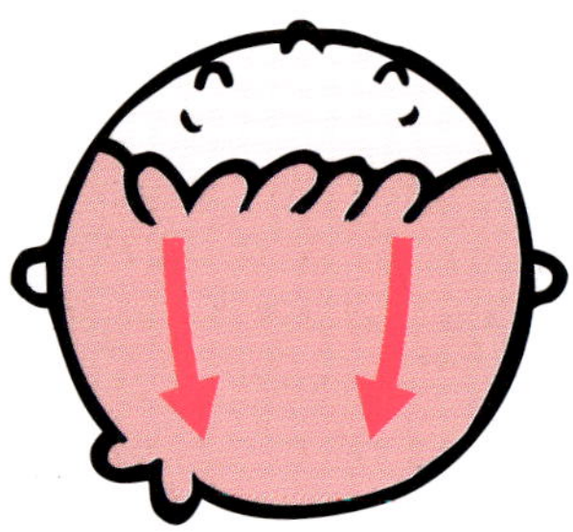

頭

両手のひらを頭の上に置き、親指の腹で
前から後ろへ、まんべんなくさすります。

感性を豊かにするマッサージ

■才能あふれるアーティストにしたい！

心を育て、ひらめきを引き出し、芸術向きに育てます

●キーワード◆感性にすぐれている。好奇心が旺盛で、探求心や研究心が強い。器用。

●経絡◆心経、心包経、胆経、肝経、任脈　●マッサージ◆手、おなか、顔

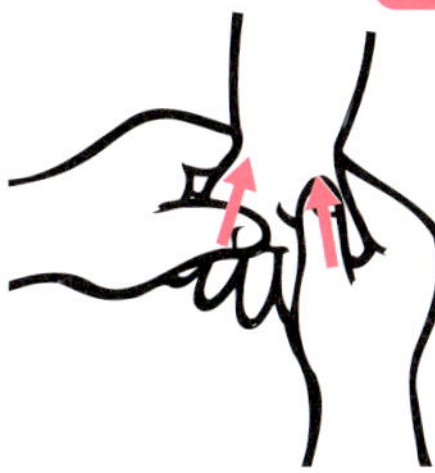

手のひら・指

①親指の腹で、子どもの手のひらを指から手首のほうへさすります。

②親指と人差し指で、子どもの手の指をはさみ、軽く力を入れます。

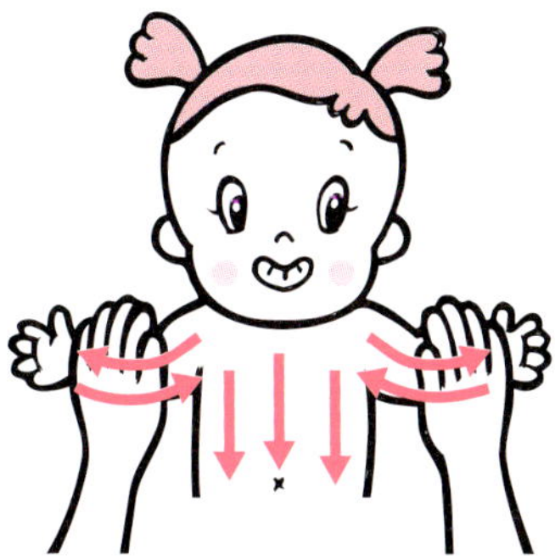

腕・おなか

①両腕の付け根→手首→脇の下のリンパ節までさすります。

②両手を交互に使い、任脈（P28参照）の上、さらに両脇を、胸からおなかへさすります。

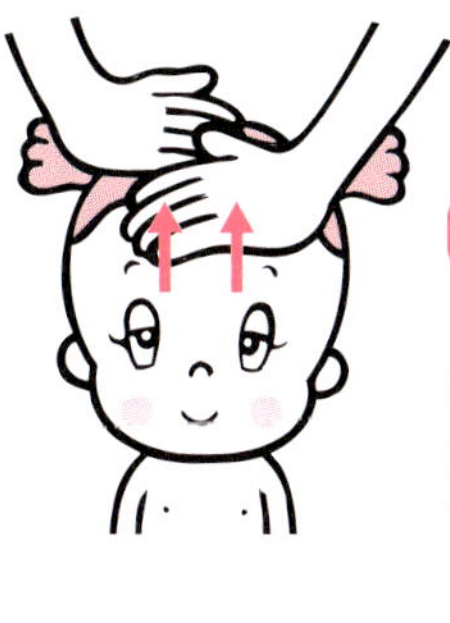

顔

「四指軽擦法」で、ひたいを、眉の上から生え際に向けてさすります。

第7章

ファミリーマッサージのすすめ

家族のリラックスとコミュニケーションが信頼と円満を生み出します

家族のやさしさを育てます

家族は、社会をつくっている最小単位です。子どもが育つ場所であり、大人も子どもも精神的なよりどころになる場所です。そこが幸せだったら、世の中も平和になるのでは、といつも思います。ファミリーマッサージは、言葉を使わなくても、親子や夫婦の気持ちの交換ができる方法です。家族の気持ちが、自然とやさしく、穏やかになります。

日ごろ忙しくて子どもと接する時間が少ないパパ。たとえば抱っこしたとき、隣に子どもが座ったときなど、その子のことを思って、背中や脚や頭などをさすってあげてください。短時間でも愛情は伝えられるし、パパのマッサージは子どもの体に記憶されるでしょう。

キッズからパパやママにマッサージしてもらう習慣をつけることも大切です。マッサージをしてもらったら恩返しする。そうしたやりとりのなかから、子どもにいたわりの心が生まれます。そして命の大切さを実感していきます。

マッサージは、人を「信頼」することや、「円満」な人間関係を築いていくための能力も育(はぐく)んでいきます。

★パパからベビー＆キッズへ★

ベビーへ

ベビーのころは世話が大変な時期。子育てはママの仕事だと思わず、パパも一緒に参加して。抱っこをしたり、子どもとちょっと触れあったときに、マッサージをしてあげることを習慣にしましょう。

抱っこして

片手で子どもの背中を上から下へ、やさしくさすり下ろします。

キッズへ

子どもの行動範囲は広がるけれど、パパがいれば子どもはそばに寄ってきます。そうしたときや、子どもがひとりで遊んでいるときなどにもスキンシップを。パパの大きな手は子どもに安心感を与えます。

★1～2歳

おなかにのせて

①両手のひらを交互に使い、胸からおなかへさすり下ろします。
②両手のひらを子どもの両足の甲にのせ、そのまま太ももまでさすり上げます。

★3歳〜

隣に座っているときに

立たせた子どもの両脇に手を入れて、胸からおなかへさすります。

★3歳〜

絵本を読んでいるときに

①「四指軽擦法（ししけいさつほう）」で頭全体を前から後ろにさすります。
②背中を「母指圧迫法（ぼしあっぱくほう）」で軽く押します。

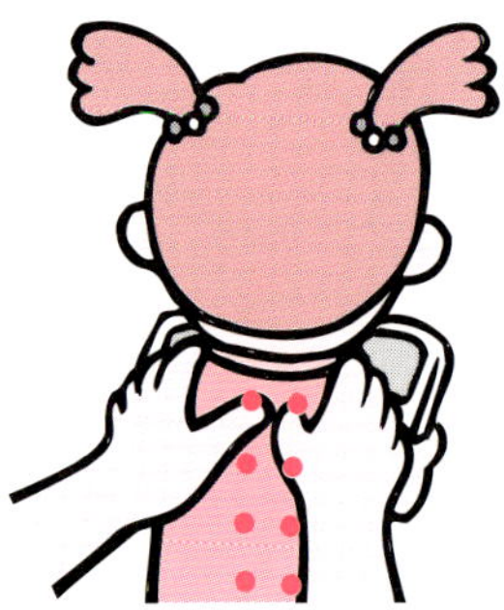

ふれあいマッサージ

まず基本の 6 つの手技（P44参照）のうち、「手掌軽擦法（さする）」、「拍打法（たたく）」、「母指圧迫法（押す）」を、ママの体を使って子どもに教えてください。力の入れ具合も楽しく遊びながら練習しましょう。

さする練習

子どもの手をママのひざの上に置かせます。両手のひらを使って、ひざから太ももへさすります。

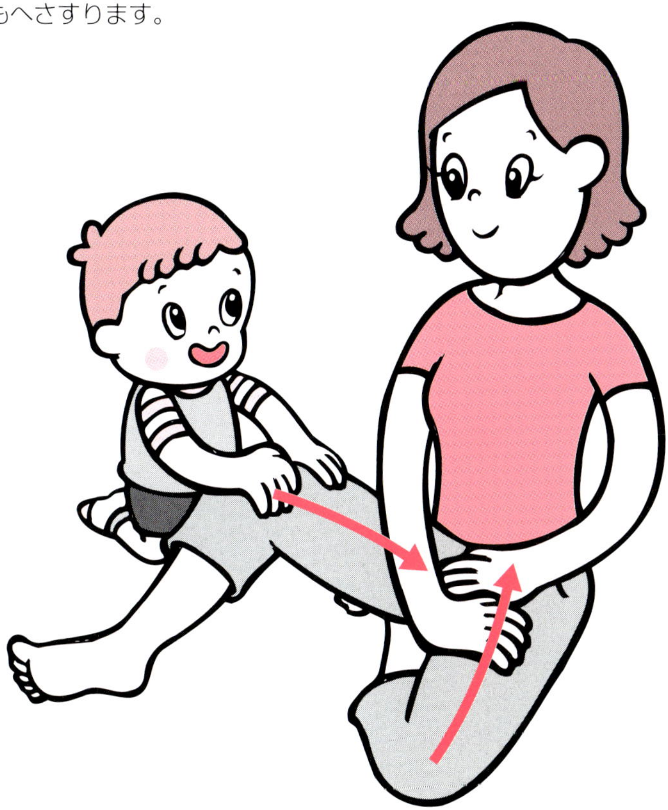

たたく練習

手のひらをへこませて山型をつくることを教えます。ママの脚を両手で交互にたたきます。

押す練習

両親指で、もしくは両親指を重ねて、体重をかけて押す方法を教えます。

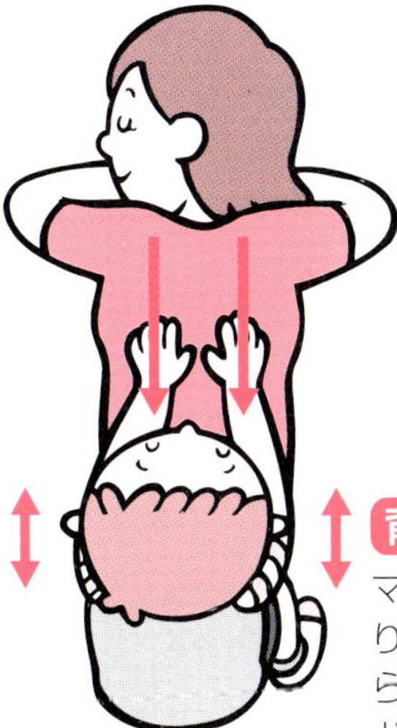

疲れを癒すマッサージ

実際にやってもらいましょう。ムリヤリやらせて、子どもがマッサージを嫌いにならないように気をつけて。上手にできたらほめてあげましょう。パパもやってもらってください。

背中をさする

ママ（パパ）はうつ伏せに寝て、おしりのあたりに子どもは座り、両手のひらで背中を上から下へさすります。子どもは体を前後に動かし、遊ぶ感じで。

背中をたたく

両手で山型をつくり、うつ伏せになったママ（パパ）の背中全体を、軽くポコポコたたきます。

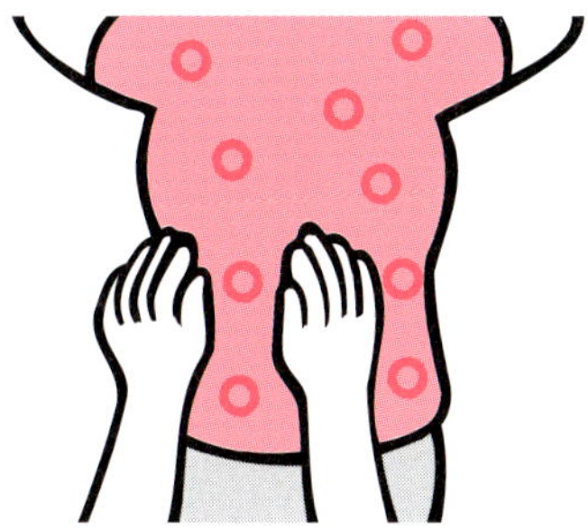

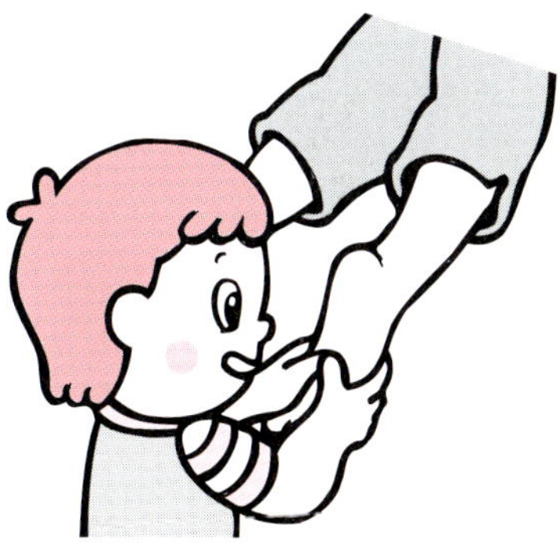

足裏を押す

親指もしくは、両親指を爪のところで重ね合わせて、ママ（パパ）の足の裏全体を押していきます。

脚の背面をさする

両手のひらを、ママ（パパ）の足首に置き、そのまま太ももに向けてさすります。

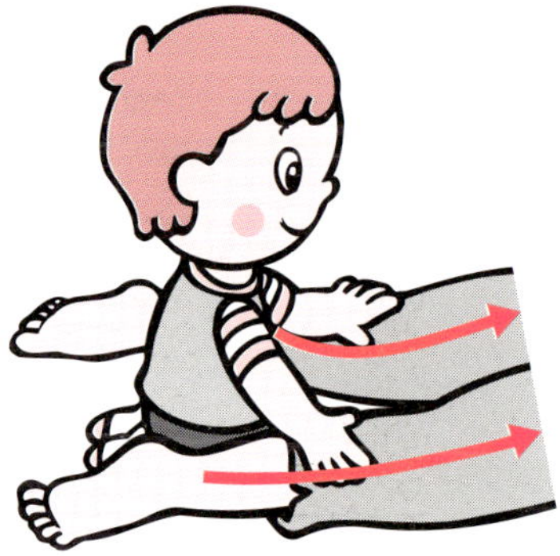

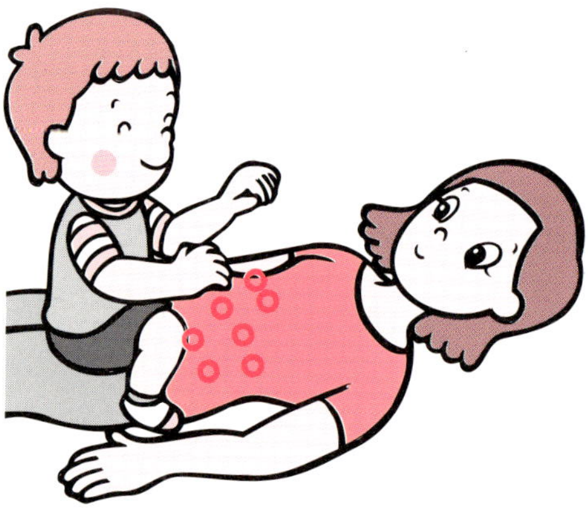

おなかをたたく

ママ（パパ）はあお向けに寝て、太もものあたりに子どもは座ります。両手で山型をつくり、おなか全体をポコポコたたきます。

おなかを押す

ママ(パパ)のおなかの上に両手を重ねて置き、少し体重をかけるようにして押していきます。

★パパからママへ★

いたわりマッサージ

マッサージを習慣化すると、夫婦で向かい合う機会が増え、自然と愛情や思いやりが深まります。服の上から10分くらいで簡単に。ママからパパへのマッサージも忘れないで。

腕をさする

親指の腹で、ママの腕の内と外側の経絡(けいらく)を、さらに手のひらでリンパを流すように、手首から腕の付け根あたりまでさすり上げます。

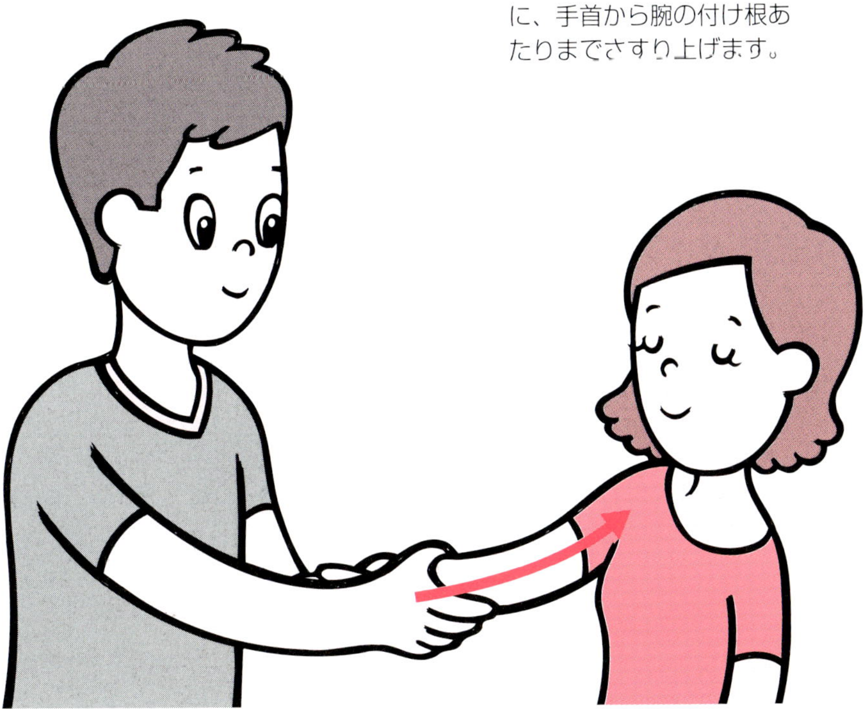

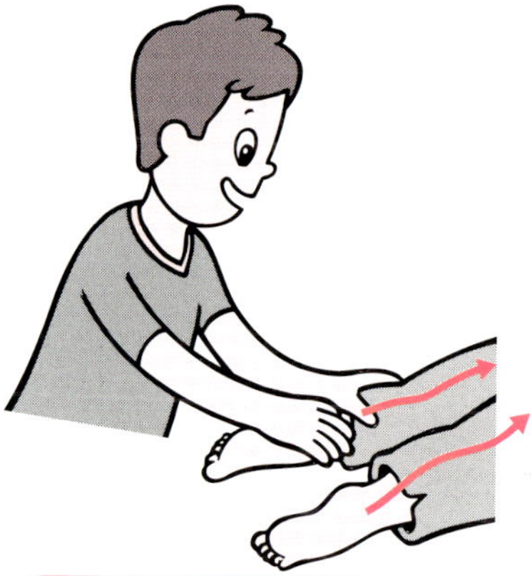

脚の背面をさする

両手のひらで、脚の背面の経絡（けいらく）を流すように、足首から太ももまでさすり上げます。

足裏を押す

爪のところで親指と親指を重ね、足裏全体を押していきます。特に湧泉（ゆうせん）のツボ（P87参照）を、3秒くらい圧迫します。

背面全体をたたく

両手で山型をつくり、脚の背面、おしり、背中と、全体をポコポコ軽くたたきます。

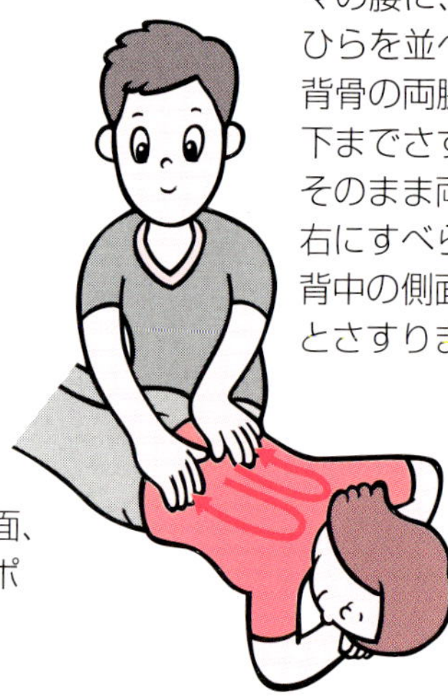

背中をさする

うつ伏せに寝たママの腰に、両手のひらを並べて置き、背骨の両脇を首の下までさすり上げ、そのまま両手を左右にすべらせて、背中の側面を下へとさすります。

★パパからママへ★

脚(太もも)の内側をさする

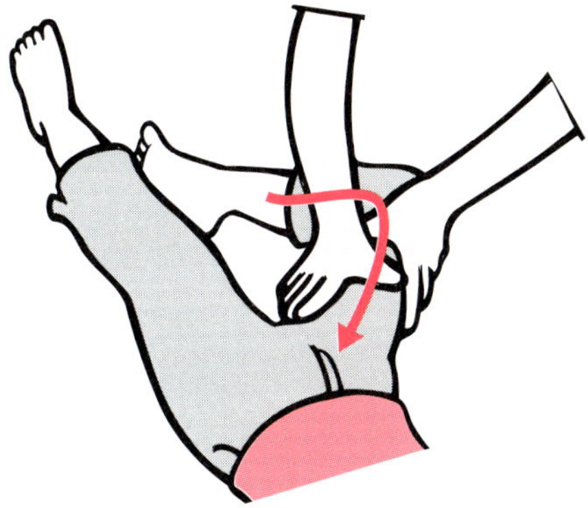

鼠径(そけい)リンパ節（股関節内側）に向けて、太ももの内側を手のひら全体でさすり上げます。

おなかをさする

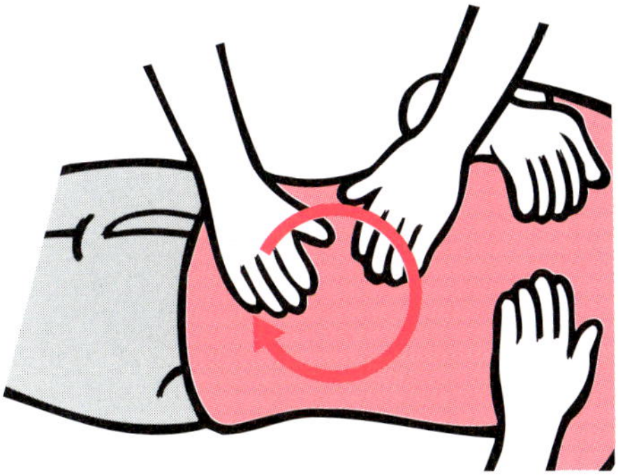

おへそを中心に、時計回りに円を描くようにやさしくさすります。

頭をつまむ

両手の指の腹全部を使って頭を押し、さらに指を開き、交互にはじく感じでマッサージします。

第8章

エピローグ対談

子育てに大切な「ふれあい」と「手当て」

真弓定夫先生
小児科医

'31年東京生まれ。東京医科歯科大学卒業。病院勤務ののち、'74年武蔵野市吉祥寺に真弓小児科医院を開院。ふれあいを大切にした「自然流子育て」を提唱している。'03年4月社会文化功労賞（日本文化振興会）受賞。

渡辺佳子先生

西洋医学の治療法は、なぜ薬一辺倒になったか

真弓 現在の西洋医学は、薬を使って病気を治そうという考え方ですが、そもそもは5つの流派がありました。

その5つというのは、①ホメオパシー（同種療法…免疫をつける方法）、②ナチュロパシー（自然療法…香りや色など自然のものを活用する方法）、③サイコセラピー（心理面のカウンセリングを重視する方法）、④オステオパシー（整骨療法…ゆがんだ骨格を矯正する方法）、⑤アロパシー（逆症療法…薬を使って治す方法）。

ところが18世紀後半から、ヨーロッパでは⑤のアロパシーこそが西洋医学だとして、他の4つは排除してしまったんですね。

だから明治時代、日本に西洋医学が入ってきたときにはアロパシーしかなく、あたかもそれが西洋医学と思われてしまったわけです。

渡辺 西洋医学にも東洋医学に近い、自然な治療法が続いていた時代があったんですね。でも、どうしてアロパシーだけが残ったのでしょう。

真弓 なぜアロパシーだけ選ばれたか、というと、利潤を生むからですよ。薬を使えば使うほど儲かります。

しかも、アロパシーは最初、逆症療法と訳されました。体が自ら病を治そうと発熱したり下痢をしているのに、解熱剤を与えて熱を下げたり、止痢剤で下痢を止めようとする。症状と逆のことをするわけだから、まさに逆症療法です。それが、いつの間にか「症状に対応する治療法——対症療法」といわれ、薬が乱用されるようになったのです。

中国では昔から「小医は病を治し、中医は人を治し、上医は未病を治す」というでしょう。薬で病気を治したつもりの医師は、小医ということでしょうか。

渡辺 実は、私は昔、ドクターを志望していたんです。でもアトピーがひどくなって、ステロイド剤を使ったとき、何か違うなって思いました。「薬が体をダメにする」って、肌で感じた気がします。それより、自分自身の持つ力を引き出す治療をして、それで治したいって。人間が本来持っている力を信じたいと思ったんです。

東洋医学や鍼灸やマッサージの治療を勉強して、「人間の体はこんなによくなるんだ」と驚きました。マッサージって、本来は治療だけでなく、生きる力を引き出し、未病を治す、病気になる前の予防もできるすごいものだと感動しました。

病気のときにあらわれる症状には意味がある

真弓　私は開業して30年になりますが、使った薬は30種類くらい。

小児科医の役目は、病気が治るお手伝いをすること。治すのは子ども自身。それをサポートする親やまわりの人々に助言を与えるアドバイザーが、小児科医だと思っています。

何年か前に猛威をふるったO157を例にお話ししましょう。病原性大腸菌O157は、72℃くらいの温度の中にいると2〜3分で死んでしまいます。でも、冷蔵庫の中では生き続けます。高温に弱く、低温に強いのです。

O157に感染した子どもは、体温を高くしてO157に対抗しようとします。それを解熱剤（げねつざい）を使って下げてしまったら、どんどん腸内で菌が繁殖してしまうでしょう。

O157が腸内にたくさんたまれば、子どもの体は早く菌を外に出そうとして頻繁に下痢をします。それを下痢止めを使って止めてしまえば、腸内に菌やその死骸がたくさんたまって、毒素を出すようになるわけです。

発熱、下痢、嘔吐（おうと）は、子どもの体が病気に対抗して、悪いものを外に出そうとしているあらわれなんですね。

風邪をひいたときも同じです。呼吸器に分泌物がたまったとき、子どもはせきをして通りをよくしようとしたり、ぜいぜい息を深くして楽になろうとします。それを薬で止めるのは愚かしいことですよ。

渡辺　東洋医学では、ときに吐き気を催したり、熱が出たり、下痢をしたり……というのは、自然な反応と考えられています。つまりアトピーなどのかゆみや湿疹なども、体にとどこおっているもの、不必要なものを体の外に出そうとしている反応なのではないか、というふうに考えるんです。いま真弓先生がおっしゃったことに近い考え方だと思うのですが、でも西洋医学のほとんどのドクターは、そういう場合、お薬で症状を抑えることが多いのではないでしょうか。同じ人の同じ症状を見ても、東洋医学と西洋医学では対処の仕方が違う。どう対処したらいいのか、親としては選択がなかなか難しいと思います。

真弓　そう。西洋医学と東洋医学は、根本的にはなんら違うことはない。それを分けへだてするからだめなんですね。

薬はカタカナで書くとクスリ。逆さから読んでみてごらんなさい、「リスク」でしょう。自然界を見てみると、野生動物はすべて体調をくずしたとき、当たり前ですけど、自分で対処しています。人も動物なのに、その能力がどんどん失わされてきていますね。

病気を治すのは、本来は、子ども自身の力です。それも「治す」のではなく「治る」のです。しかも、動物に近ければ近いほど、免疫力は高いんです。そのことを、しっかりわかっていてほしいですね。

ふれあいは、成長に大きく影響する

真弓　子どもの能力は非常に高いんです。

たとえば3歳、4歳、5歳の子を何人かずつ集め、その後ろから、突然黙って丸めた新聞紙を振りおろしてみましょう。3歳児は100%よけられます。4歳児になると88%と少し減ります。5歳児になると、さらに減りますが、それでも半数以上の68%がよけています（井深大著『胎児は天才だ』チクマ秀版社より）。大人でよけられる人は、どのくらいいるでしょうか。

この反応は、いわば動物的本能です。自然界に住んでいて、背後からの襲撃をよけられなかったら殺されてしまいますよ。人間にも、子どものころはこの能力が備わっているのに、だんだんなくなっていく。だから、私はよく「サルに学べ」っていうんです。

渡辺 私は動物のすごさを出産を通して学びました。出産の時期は、人間というより動物的な感覚が強くなる。動物的な本能や生きる力に、無限の可能性を感じました。女性は、出産したり、子育てしてるときって、より動物に近くなるのを感じるんじゃないでしょうか。マッサージも、人間が持っている動物的というか本能的な感覚から生まれたものですね。お母さんが子どもに自然に手当てしたり、さすったり、マッサージしたりするのも、それを「いい」と感じる本能なんですよね。

真弓 よく抱っこしてあげることでもいいんですね。生まれたばかりの赤ちゃんは、しっかり抱きつく努力をすることで、手の基本的な力がついてきます。また、抱っこすることで赤ちゃんは緊張感を和らげ、体の力が抜けた、リラックスした状態になります。これが、成長後のいろいろな動きや遊び、スポーツの基本になります。

渡辺 赤ちゃんを生んだばかりのお母さんも、マッサージを習っていなくても、自然にベビーマッサージをしているんですよね。抱っこをしたときに、自然に背中をさすったり、足をなでたりしてます。本来は、自然でいいと思うんです。それがマッサージの始まりであり、純粋な愛情が「手当て」の原点だって伝えられたらいいなって思います。

体に手を当てることで、子どもを育てる

真弓　子どもの体に触ることは、とても大事です。たとえば熱を測ったら39℃あったとします。体に触って、体が熱かったら心配ありません。体が一生懸命、病気に対抗しようとしているのですから。でも、熱があるのに体がヒヤッと冷たいときがあります。そのときは心配です。

熱があったら、何でもかんでも心配かというと、そうではない。体に手を当ててみればわかることがたくさんあります。

それから、せきや熱で苦しいとき、胸に塗る薬がありますね。母親が子どもの胸に塗ってあげて、よくなることがありますが、それは薬だけの効果ではありません。お母さんが子どもの胸に手を当てたり、さすってあげることで、子どもの気持ちが安定して症状がおさまるのです。それが「手当て」なんです。

子どもが気持ち悪がっていたら、背中をさすってあげるでしょう。当たり前のことですよ。「手当て」の考え方は、西洋医学でもあったのですが、先ほどもいいましたように、薬

の治療に席巻(せっけん)されてしまったわけです。

渡辺 マッサージは、必ず体に触りますから、子どもの体の状態がよくわかります。

真弓 血液やリンパの流れをよくするのは大事なことですね。血流のとどこおりは病気のもとになりますから。気の流れも大事ですよ。現代ではそれがお粗末になってしまった。気、血、動(運動)が大切なんです。マッサージは理にかなっていると思いますよ。

ただ気をつけたいのは、マッサージもひとつの要素だということ。それだけに集中してしまうのはだめ。まず食べ物。ご飯、野菜、根菜類、海草、魚といった、日本人が昔から食べてきた食品を食べる。牛乳や乳製品は、とってほしくない食べ物です。それからきちんと三食食事をする、早寝早起きをするといった生活リズムを習慣づける。そうしたなかでマッサージを一助として行うことだと思います。

気、血、動が三位一体となって、自然に身につくようにするのです。身につけようとすると、子どもにはストレスになるから、子どもが喜んでいるかどうかが大事。効果を求めずに、お母さんも楽しんで、無心にやるのがいいんですね。

渡辺 そうですね。私自身、マッサージするときはいつも自然体でいること、ニュートラルで、ピュアな状態であることを大切にしています。そして、何より楽しんでいますね。

●おわりに

この本は、経絡（けいらく）リンパマッサージで人生が変わった私自身が、その感動と、家族の幸せへのエッセンスを少しでも伝えられたらいいなと思い、書いたものです。

この本を通じて、家族への愛情の伝え方や、接し方、そして、大切な子どもと人生をともに生きていくための接し方や、パートナーとのコミュニケーション、新たな可能性、そして夢の実現……など、日々の生活に役立ててもらえると幸いです。

経絡リンパマッサージは、もちろん病気の治療や、未病を防ぐために役立つのはいうまでもありませんが、人をもっとパワフルにさせてくれる力があります。たとえば、治療院をはじめて訪れる患者さんの多くは、治療で来院されます。しかし、ほとんどの方が、症状が改善されてくると、元気になるだけではなく、弾力のある体になり、エネルギッシュになるのです。さらに、子宮の病気に悩んでいた方が、結婚し、赤ちゃんを出産したり、会社を辞めたいといっていた方が、やる気が出て、会社を起こし社長になったりと、その変化には本当に驚きます。人間の秘めたる能力のすごさを、日々実感しています。

でも、これは特別なことではなく、マッサージが、動物が本来持っている力を引き出した結果だと感じています。人間が持っている生きる力であり、みんなが持っている可能性を引き出したのです。体の中の「流れ」がよくなることで、元気になり、やる気が出る。そのエネルギーが、生きる原動力になっていくのです。このエネルギーのある体づくりこそが、子どもたちの将来にとって、何よりも必要なものだと信じています。

その根源に、マッサージがあり、パパやママの愛情があります。つまり、子どものときから愛情をたっぷりかけて、健康で、バイタリティのある体づくりをしておくことで、どんな分野でも一流になれる潜在能力を備えてあげることができます。

宝石の原石のような子どもたちの無限の可能性を磨き、輝かせていくのは、パパやママたちであり、この経絡リンパマッサージがきっかけになるかもしれません。健康な体をつくる、子どもの素質や才能を伸ばす、人間としての器を広げる、家族の夢を実現する、といった輝かしい未来を開く可能性を、キッズ&ベビーマッサージは秘めているのです。

人生でいちばん大切で幸せな家族との時間を有意義に過ごしてください。そして、家族みんながずっと元気に、幸せでいられますように！　最後に、出版に携(たずさ)わってくださった多くの皆さまに心より感謝いたします。

渡辺　佳子

渡辺佳子（わたなべけいこ）

経絡リンパマッサージ協会会長。日本美容研究協会理事。銀座ナチュラルタイムテラピーグループ総院長。鍼灸、按摩マッサージ指圧に通じ、そのプロを養成する資格も持つ。日々、臨床にあたるかたわら、自らの経験を生かし、ベビー、キッズやママ、女性たちのため活動や治療に力を注いでいる。雑誌やテレビなどでも多くの監修を手がけ、各地でセミナーやスクールを開催。日々、楽しいことを発信中。

〈銀座ナチュラルタイム〉

☎03・5250・1300 http://www.naturaltime.co.jp/

才能を育てる

キッズ&ベビーマッサージ

2003年11月1日　初版第1刷発行

著　者　渡辺佳子
発行者　田中　修
発行所　株式会社小学館
〒101-8001　東京都千代田区一ツ橋2-3-1
電話（編集）03-3230-5124
　　（制作）03-3230-5333
　　（販売）03-5281-3555
振替　00180-1-200
印刷所　共同印刷株式会社
製本所　文勇堂製本工業株式会社
DTP　（株）昭和ブライト

ISBN4-09-344321-1